Wilhelm Bessell

Über das Leben des Ulfilas und die Bekehrung der Gothen zum Christentum

Wilhelm Bessell

Über das Leben des Ulfilas und die Bekehrung der Gothen zum Christentum

ISBN/EAN: 9783743375215

Hergestellt in Europa, USA, Kanada, Australien, Japan

Cover: Foto ©ninafisch / pixelio.de

Manufactured and distributed by brebook publishing software (www.brebook.com)

Wilhelm Bessell

Über das Leben des Ulfilas und die Bekehrung der Gothen zum Christentum

Ueber das

Leben des Ulfilas

und die

Bekehrung der Gothen

zum Christenthum

von

Dr. W. Bessell,

Privatdocent zu Göttingen.

Göttingen,
Vandenhoeck und Ruprecht's Verlag.
1860.

Die authentischen Nachrichten über das Leben des Ulfilas sind von Herrn Prof. Waitz in einer pariser Handschrift (Supplement. latin. Nr. 594) entdeckt. Jene Handschrift ist das Autographon [1]) eines uns sonst unbekannten arianischen Bischofs Maximinus, der in längern, den Streit zwischen Athanasianern und Arianern betreffenden, Auseinandersetzungen das Schreiben eines Auxentius [2]), Bischofs von Dorostorum und Schülers des Ulfilas, über Lehre und Leben des letzeren angeführt hat, und getrennt von diesem, am Schluß seiner Handschrift, noch einmal von einem Ereignisse aus dem Leben des Ulfilas spricht. Beide Stücke sind von Hrn. Prof. Waitz herausgegeben und erläutert. Eine vollständige Copie der übrigen Handschrift wurde ihm erst später von Paris aus nachgeschickt, und er hatte die Güte mir dieselbe zur Benutzung zu überlassen, als ich ihm mittheilte, daß ich bezüglich der Zeitbestimmung, wie er sie in den Erläuterungen des herausgegebenen Abschnitts gegeben, eine von der seinen abweichende Ansicht gefaßt hätte.

Der Inhalt dieser Copie lieferte leider nichts direct in die Frage einschlagendes Neues, da gerade die Stelle, wo Ulfilas allerdings noch einmal erwähnt war, so zerstört ist, daß an die

---

[1]) G. Waitz: Ueber das Leben und die Lehre des Ulfila, Hannover 1840. S. 28.

[2]) a. a. O. S. 33 f.

Herstellung des Gedankenganges daselbst nicht mehr zu denken ist. Doch war mir die Einsicht in jene Copie insofern von Wichtigkeit [1]), als es an einigen Stellen nicht ohne Bedeutung ist zu wissen, in welcher Art die Ulfilas betreffenden, von Waitz schon edirten Nachrichten in der vorliegenden Schrift angeführt sind, und besonders, indem wir über die uns wichtigen letzten Worte des Ganzen [2]) in so fern uns klar werden, daß man sie nur für eine abgerissene Notiz halten kann, welche die Schlußbemerkung eines vorangehenden längeren Schreibens erläutern soll; im Gegensatz zu der Ansicht von Waitz [3]), der sie zwar als ohne rechten Zusammenhang mit dem unmittelbar vorhergehenden, aber doch als sehr genau mit früheren Stücken zusammenhängend auffaßt.

Folgendes möge zur Feststellung des Gesagten genügen.

Die Handschrift selbst steht am Rande eines Codex, dessen eigentlicher Text Schriften des Hilarius, die zwei ersten Bücher des Ambrosius de fide und die Acta des Concils zu Aquileja (381) enthält. Die Randschrift zerfällt in zwei Stücke auf f. 276—289' und f. 314—327.

Das erste Stück enthält auf f. 276—281 gleichfalls den Anfang der Acten des aquilejer Concils [4]), denen Maximin hier und da einige Bemerkungen (9 an Zahl) eingeschoben hat, die meistens die Absicht haben, nachzuweisen, wie unrecht Ambrosius dem Palladius gegenüber auf dem Concile verfahren sei. Sonst ist der Inhalt ohne Interesse, da der Schreiber eben nichts weiter benutzt hat, als die Acten, wie sie auch uns vorliegen, und er selbst nichts ursprünglich Neues hinzugiebt als seine Betrachtungen. Nur einmal f. 277'—279 citirt er ein längeres Stück aus dem Anfang von Cypriani advers. Demetrianum um daran aus-

---

1) Die Publication der Copie ist erst rathsam, wenn letztere vorher noch einmal mit dem Manuscripte selbst sorgfältig verglichen ist.
2) Unde et cum sancto Hulfila etc. f. Waitz a. a. O. S. 23.
3) a. a. O. S. 25 f.
4) Vergl. Concil T. III. Paris. 1644. S. 387—391.

zuführen, daß schon vor Arius die richtige Ansicht unum solum verum deum esse ausgesprochen sei.

Dies Citat ist aber zweier sich darin vorfindender Einschiebsel wegen zu berücksichtigen. Das erstere lautet: quod vos facere estis conati und steht nach einigen Vorwürfen, die dem Demetrian gemacht werden. Das zweite lautet dem ähnlich: quod et tu o Ambrosi fecisse conprobaris, quod etiam vastationem barbarae incursionis n[obis] aplicant. Demetrian hatte den Christen das damalige Unglück des Reiches zur Last legen wollen, wie Ambrosius am Schluß seines zweiten Buchs de fide das Unglück des Gothenkrieges den Häretikern.

Auch darf ich eines hernach möglichen Einwurfs wegen nicht übergehen, daß es in der neunten Bemerkung des Verfassers, nach den in den Concilsacten befindlichen Worten des Palladius: secundum jussionem egeritis, sed in praejudicium futuri concilii [1]) weiter heißt: Maximinus episcopus interpretans dicit. Apparet [2]) et in hoc loco ridiculum potius ex ejus responsis id est sancti Palladii confecisse. Potuit sane dicere, quia in pleno concilio vobis responderet, nunc autem in praejudicium concilii pleni respondere non deberet. Es bezieht sich darauf, daß sowohl Palladius als Secundianus, durch welche allein die häretische Partei auf dem Concil vertreten war, sich beschweren, es würde nicht das protocollirt, was sie sagten [3]), wie denn auch Maximinus in einer vorhergehenden Bemerkung geäußert hatte: et his apparet, quomodo pro sua voluntate scripserunt, quod eos libuit.

Auf f. 281' verläßt der Verfasser die Acten des Concils mit den Worten, welche beweisen [4]), daß wir hier ein Autographon des Bischofs Maximin vor uns haben: et reliqua; quae

---

[1]) cf. Act. conc. Aquil. p. 390.
[2]) Als Subject ist etwa der exceptor zu ergänzen.
[3]) cf. Act. conc. Aquil. p. 399.
[4]) Vrgl. Waitz. a. a. O. S. 29.

si quis vult legere sequentium (?), que abrupte et stulte prosecuti sunt, legat intus (?) in plenario et in hoc ipso corpore et inveniet, quod rectum est, sanctum Palladium prosecutum f(uisse) . . . t ¹).

Es folgt dann eine eigene Auseinandersetzung des Verfassers über die arianischen Streitfragen. Wichtig ist darin, daß gleich die ersten Worte: „Hi ideo paria de filio exigebant" an eine hernach anzuführende Stelle des zweiten Stücks erinnern. Darauf ist von der Häresie der Gegner die Rede, sicut ipse eorum libellus perfide testatur. Es ist des Ambrosius de fide gemeint. Das Folgende ist der Lücken wegen unverständlich. Es scheint darin hauptsächlich eine Auseinandersetzung über ingenitum gestanden zu haben. Gegen den Schluß des Lückenhaften liest man: subtraxerant solum ingenitum, dann nach dem Schluß: — — utique ingenitus dicitur. Ut autem percenseam ipsa verba, sicut indicat textus: Credo in unum etc. Das hierauf folgende Glaubensbekenntniß spricht nur vom Vater, und es ist dasselbe, welches im zweiten Stück sich vorfindet, wo man es als das von Palladius vertheidigte, nach dem Briefe des Arius modificirte, erkennt. Die Bemerkungen, die Maximin dazu giebt, besagen, daß alle die im Bekenntniß angeführten Eigenschaften sich nur auf den ingenitus beziehen. Den Schluß macht, daß zwar auch der Sohn pastor bonus et deus bonus sei, aber nicht ingenitus bonus.

Auf f. 282. beginnt dann das von Waitz ²) Edirte mit den Worten: Hoc secundum divinum magisterium Arii etc. Der Inhalt desselben ist wesentlich ein Schreiben des Auxentius Bischofs von Dorostorum über den verstorbenen Ulfilas ³), welches Maximin seinen Randbemerkungen eingeschaltet hat. An dies schließt sich eine von 286'—289' reichende Auseinandersetzung der Worte proprio judicio damnati, die sich im Schreiben des Auxen=

---

¹) Die mir vorliegende Copie liest: secernet (?).
²) a. a. O. S. 10 ff.
³) vergl. Waitz a. a. O. S. 33.

tius vorfanden, und bort auf Ulfilas und seine Partei, hier aber seltsamer Weise auf die Katholiken bezogen werden, und zwar 1.: Weil sie sich in Aquileja ungebührlich betragen und so sich selbst verurtheilt hätten. 2.: Nach dem Satze des Apostels: Hereticum hominem post unam correptionem vel secundam devita sciens quia perversus est, qui ejusmodi est et delinquet, cum suo proprio judicio damnatur. 3.: Nach dem Satze: locum fodit et refodit cum et incidit in foveam, quam operatus est. Zwischen 2. und 3., zwischen denen wir der Lücken wegen den Uebergang nicht genauer bestimmen können, liest man: — dat supradictum — — — — sancto Ul[filae] — — quin ingressus in civitatem Constantinopolitanam de recogitato deputati cocilii, ne arguerentur miseri (sic) miserabiliores — — — — (scheint mehr als eine Zeile zu fehlen) [1]) audivi miseros fratres — — — — et ibant ut, cogitarent de concilii — — — (keine ganze Zeile) — — inperatore, quod Gratianus imperator —. Bald darauf ist von Ambrosius und „den Uebrigen" die Rede, dann von einer epistula data ad Gratianum. Worte, wie auferendas postulaverunt oder eclesias auferendas cristianis, lassen darauf schließen, daß hier der Brief des aquilejer Concils an Gratian, den man am Schluß der Acten angefügt findet, gemeint ist. Es steht das vielleicht mit obigem 3. im Zusammenhang, indem daselbst das Ausschließen von der Kirche mit dem Graben der Grube verglichen wird; weil die Athanasianer in Wahrheit sich selbst von der Kirche ausschlößen, indem sie den wahren Christen, den Arianern, die Kirchen verböten. Letztere, so wird weitläufiger ausgeführt, dürften dagegen weder irgend eine Weihe noch irgend eine kirchliche Handlung der Athanasianer als gültig anerkennen. In welchem Zusammenhange aber Ulfilas und die gesperrt gedruckten Worte, welche dem schon bekannten [2]) Schreiben des Aurentius ent-

---

[1]) Nach einigen Stellen der Copie zu urtheilen scheint in ihr die Länge der im Manuscript befindlichen Lücken nicht überall genau angegeben zu sein.

[2]) Vrgl. Waitz a. a. O. S.

nommen sind, angeführt wurden, ist in keiner Weise mehr erkennbar.

f. 289' ist völlig unlesbar, und folgt dann eine Unterbrechung der Handschrift bis f. 314.

Das zweite Stück von f. 314—327 ist bis auf ein Anhängsel am Schluß ein einziges zusammenhängendes Schreiben eines eusebianischen Arianers [1]) an Ambrosius, Bischof von Mailand, gerichtet.

Der Hauptgedanke desselben ist, die Gründe, weshalb das Concil von Aquileja nicht anerkannt werden könne, darzuthun, und die eigentliche Streitfrage, welche auf einem Concil zu verhandeln wäre, bestimmter hinzustellen. Es wird deshalb zum Schluß ein neues und zwar zu Rom zu veranstaltendes Concil verlangt [2]). Der Verfasser hält aber daran fest, daß seine Partei nicht mit der arianischen zu verwechseln sei [3]), ähnlich wie Palladius und Secundianus auch in den Acten den Arius zurückweisen [4]). Daher beginnt das Schreiben mit Citaten aus des Ambrosius Schrift de fide [5]), wo letzterer unter Andern sagt: itaque nunc in plures divisere formas, alii Eunomium, vel Aetium, alii Palladium vel Demofilum adque Auxentium vel perfidiae ejus hereses secuntur, alii diversos. Dem werden durch den einfachen Uebergang „Palladius dixit" Worte des Palladius entgegengesetzt, welche unmittelbar von letzterem in Bezug auf die angeführten Worte des Ambrosius geschrieben sind. Diese Einleitung zieht sich bis gegen den Schluß von f. 315. Was aber

---

[1] Gewöhnlich Semiarianer genannt.
[2] Dies schließliche Verlangen ist von Waitz a. a. O. S. 22 f. mitgetheilt.
[3] Darauf beziehen sich die auf f. 315.' stehenden Worte: quos Arrianos dixisti und ähnlich f. 316.'
[4] Act. Conc. Aqu. in Concil. T. III. p. 390. Palladius dixit: Arium nec vidi, nec scio, qui sit. u. p. 404. Secundianus dixit: Qui fuerit Arius, ignoro, quod dixerit, nescio.
[5] Ambr. de fide l. I. c. 3. und 4.

vor Allem ihre Zusammengehörigkeit mit der nachfolgenden Schrift beweist, ist die Schlußwendung des ganzen Schreibens ¹): Et quamvis Auxenti ita meministi, ut non indicares, de quo dixeris, utrum de superstite, id est Dorostorensi, an de Mediolanensi, qui sine successore decessit, tamen scito tam — — (Lücke von zwei Zeilen) — Palladium Ratiarensem, Auxentium inter ceteros consortes, sancto et omni reverentia digno ac fidelissimo doctori Demofilo ubicumque examen haberi placuerit, Deo omnipotente per unigenitum suum Ihesum dominum auxilium ferente, glorioso ac salutari certamini non defuturos. Für Auxentius von Mailand, der im Jahre 374 starb, scheint er nicht einstehen zu wollen, oder sei's, daß jener als schon todt bei dem zu erwartenden Kampfe nicht mehr in Frage kommen kann. Auxentius von Dorostorum gehörte zur Palladischen Partei, und werden wir sehen, daß er eine wichtige Stütze derselben war. Das obige Citat aus Ambrosius erklärte sich nun allerdings nicht darüber, welcher Auxentius daselbst gemeint sei. Daß aber am Schluß des Schreibens so ohne Weiteres auf jenes am Anfang stehende Citat Bezug genommen wird, beweist zur Genüge, daß die beginnenden Citate wesentlich sind für das Ganze.

Man könnte nämlich der Ansicht sein, daß f. 315' oder 316, wo wir der vielfachen Lücken wegen den Zusammenhang nicht vollständig verfolgen können, möglicherweise die Deduction der ersten Seiten abgebrochen und dort erst das arianische Schreiben, das aquilejer Concil betreffend, ähnlich wie im ersten Stück das des Auxentius eingeführt würde. Ist das nun des betrachteten Anfangs und Schlusses wegen nicht wohl möglich, so muß ich auch noch geltend machen, daß schon vor den erwähnten Lücken am Schluß von f. 315 der Uebergang zur Darstellung des aquilejer Concils gemacht wird, daß man zwischen den Lücken der folgenden Seiten hier und da doch den Bezug auf das Concil erkennt, und zwar ins Besondere auf jene Privatversammlung, aus

---

¹) Vrgl. Waitz a. a. O. S. 23.

welcher Ambrosius plötzlich), wie ihm f. 317 vorgeworfen wird, durch das Herbeiziehen von Protocollführern ein öffentliches Concil ¹) machte. Gerade deshalb scheinen mir jene Lücken sehr bedauernswerth zu sein, weil uns durch sie die Darstellung der Privatversammlung, die in den Acten selbstverständlich sich nicht findet, verloren gegangen ist, obgleich wir im großen Ganzen erkennen können, daß auch die dortige Disputation sich, ebenso wie die des Concils, um den Brief des Arius dreht, den Ambrosius von Palladius und Secundianus verdammt wissen will, auf dessen Besprechung sich aber jene beiden eben deshalb nicht einlassen wollen, weil sie die Berechtigung dieser Forderung nicht anerkennen.

Die Darstellung des Concils im arianischen Schreiben hat aber dadurch besonders Interesse, weil sie keine Rücksicht auf die katholischen Acten nimmt, demnach ein Bericht ist, wie er nur von Palladius und Secundianus ausgehen konnte. Hier und da giebt sie daher nähern Aufschluß als die Acten selbst.

Nach dem Schluß dieser Darstellung folgen einige Vorwürfe, die dem Ambrosius über sein Verhalten gegen den römischen Bischof Damasus gemacht werden. Des letzteren Prärogative hätte von Ambrosius nicht anerkannt werden dürfen. Die einzelnen Puncte, die dabei geltend gemacht werden, stehen zum Theil mit dem aquilejer Concil im engen Zusammenhang, zum Theil beziehen sie sich auf einen Fall, der eben während des Concils zum Eclat kam. Darauf folgt eine allgemeinere Vertheidigung des eigenen Glaubens, indem ein Hauptcapitel aus Ambros. de fide lib. 1. c. 2. de uno deo im Einzelnen angegriffen wird. Es ist aber wichtig, daß schon innerhalb der vorhergehenden Nachrichten über das Concil (f. 319') auf diese Auseinandersetzung hingewiesen wird mit den Worten: praesertim cum tu ipse in hoc eodem libro, sicuti in loco suo ostendetur, similitudinem operum prin-

---

¹) Man vergleiche den Bezug, den Ambrosius ganz im Beginn der Acten auf vorangegangene Disputationen nimmt.

cipaliter factorum et — — —. Wenn nun auch f. 319' sehr lückenhaft ist, so daß man nur noch erkennt, daß daselbst noch mehr von einer Schrift des Ambrosius die Rede war, so muß man doch auf die daselbst gegebene Ankündigung die hernach wirklich folgende Auseinandersetzung über das cap. de uno deo im De fide beziehen, weil, wie hier von der similitudo operum, so dort unter Andern auch davon gehandelt wird, daß patrem et filium non esse cooperarios, wie das erwähnte Capitel des Ambrosius sebst mehrfach von der unitas operationis spricht. Beide Theile der Schrift stehen also im ursprünglichen Zusammenhange.

Auf diese gegen des Ambrosius Schrift gerichteten Auseinandersetzungen folgt die schließliche schon erwähnte Forderung eines Concils mit den den Uebergang bildenden Worten: sed ne audeam vobis haec paucis testimoniis in destructionem vestrae adserere professionis; certe etc.

Für den Verfasser dieses Schreibens halte ich Palladius selbst. Folgende Stellen sind dafür maaßgebend.

Auf f. 317 heißt es: Tu cum omni conspiratione tua ad singulas professiones, sicut ipse filius dei Jhesus Christus dominus noster et vestram ejusmodi vocem audivit et hanc scriptionem videt et inter perfidos et fideles judicavit, anathema magna [1]) cum vociferatione subclamasti. Vergleichen wir damit f. 286' [2]): sed et magna cum vociferatione, ut exposuit supradictus Palladius, per singula verba fidei anathema subclamaverunt; so kann man nicht etwa der Ansicht sein, daß beiden Stücken eine Auseinandersetzung des Palladius über den Gang des aquilejer Concils erst gemeinsam zu Grunde liege, da die Worte et hanc scriptionem videt verlangen, daß das im zweiten Stück Vorliegende etwas Ursprüngliches ist, sonst müßte die Berufung in einer ganz andern Form gemacht werden.

Dazu kommt, wenn dieses zweite Stück unserer Handschrift

---

[1]) Die Copie liest: anathemam agnina (sic).
[2]) s. Waitz a. a. O. S. 21.

nicht das Schreiben des Palladius selbst ist, so muß ein solches von ihm als eine Darstellung des aquilejer Concils doch noch existirt haben. Desgleichen hätte Palladius dann aber auch gegen des Ambrosius de fide geschrieben; denn die Worte, die auf f. 314' und 315 unter seinem Namen angegeben werden, sind von ihm unmittelbar gegen das vorhergehende Citat aus des Ambrosius Werk gerichtet, in welchem der letztere ihn sammt Demophilus und Auxentius des Arianismus beschuldigt. Wenn es ferner in dieser Erwiderung heißt f. 315: quid vero etiam personas christianas temerarius laceras, quarum congressionem fugis ignabus? und hernach: quibus et respondere promittis et videri non optas etc.; so sind diese Worte nur verständlich, wenn sie nach dem Concil von Aquileja geschrieben sind; denn erst da hatte es sich gezeigt, daß Ambrosius ein wirkliches Concil gar nicht wollte. In angulo, in latebris, inter tuos, heißt es, hast du das große Wort, in planis, in publico, aput emulos hütest du dich aufzutreten. Ein Bezug, der am Schluß von f. 315 noch einmal ausgesprochen wird.

Wir müßten also zwei Schriften des Palladius annehmen. Eine gegen des Ambrosius de fide, eine über das aquilejer Concil, beide nach dem Concil geschrieben. Das uns vorliegende Schreiben kann aber nur kurze Zeit nach demselben Concil verfaßt sein. Erstens schon des Interesses wegen, und zweitens, weil anders die Nichtbenutzung der Concilsacten ganz unerklärlich wäre. Ein so bedeutungsvolles Schreiben, wie das vorliegende jedenfalls nach der Absicht des Verfassers, der, mochte er sein, wer er wollte, immer zu den Notabilitäten der Arianer gehören und zu einer solchen Aufforderung des Ambrosius Beruf haben mußte, sein soll, durfte gar nicht eine so unverzeihliche Flüchtigkeit begehen, das wichtigste und einzige von der Gegenpartei anerkannte Document unberücksichtigt zu lassen, und somit in Fehler zu verfallen, die die Gegner ihm vorzuwerfen berechtigt waren[1]. Unser

---

[1] Die Hauptpuncte sind, daß nach dem arianischen Schreiben an zwei

Schreiben muß demnach zwischen dem Concil von Aquileja selbst und der Publication der Acten verfaßt sein. Zwei Schriften des Palladius nun aber noch als Vorläufer und ebenfalls aus der Zeit nach dem Concile anzunehmen, wird doch zu künstlich. Es bleibt nur übrig, daß Palladius jene Widerlegung des de fide mit der Darlegung des Verlaufs des Concils verbunden hat, und derartig characterisirt sich eben die vorliegende Schrift, die wir unmöglich für einen Auszug halten können, in ihrem gleichmäßigen erregten Tone und stets lebendiger Anrede an Ambrosius von dem ersten Worte des Palladius an bis zum letzten.

Weitere Spuren möchte ich darin erkennen, daß es f. 315 heißt: concilii, quod tamen per te non esse inpletum fraudulenter sicut [1]) litterae inperiales testantur —. Dieser Brief ist auf dem Concile verlesen [2]). Auf Bitte des Ambrosius, hieß es unter anderen darin, habe der Kaiser viele vom Kommen dispensirt. Es wirft ihm daher Palladius selbst den Acten zufolge vor [3]): Vestro studio factum est, sicut dictat lectio sacra a vobis prolata, ut non esset generale et plenum concilium, und weiterhin [4]), sed

---

Stellen, (f. 316' u. 321'), wo auf die Anzahl gerade Werth gelegt wird, nur 12 bis 13 Bischöfe auf dem Concil gewesen sein sollen, daß nach den Acten aber 22 dort waren; und wenn man auch weniger darauf geben will, daß das Schreiben die einzelnen verhandelten Streitpuncte in anderer Reihefolge als das Concilprotocoll giebt, so ist doch entscheidend, daß nach dem erstern auch über das invisibilem esse verhandelt sein soll, von dem die Acten nichts wissen, und von dem auf dem Concil in der That auch nichts vorkommen konnte, da man sich an den Brief des Arius (cf. Epiph. advers. haer. l. II. T. II. haer. 69 c. 7. Oxon. 1622 p. 732) hielt, der jenen Ausdruck oder dem Aehnliches nicht enthält. Den Auseinandersetzungen des Schreibens liegt aber statt des ariusschen Briefes ein auf f. 317 vorangestelltes Bekenntniß zu Grunde, das dem ariusschen Briefe nachgebildet ist, und welches von dem invisibilem esse allerdings spricht. Wörtliche Uebereinstimmungen zwischen den Acten und unserer Schrift finden nur statt bei Bibelstellen, die Palladius auf dem Concile vorbringt.

1) Copie: licet.
2) cf. Act. C. Aquil. p. 388.
3) ibid.
4) ibid. p. 389.

ne venirent (episcopi), tua petitio fecit: sub specie falsae voluntatis hoc impetrasti. Eben so unmittelbar, wie f. 315 auf den verlesenen kaiserlichen Brief, bezieht sich unsere Schrift f. 322 auf drei im Concil verlesene Briefe des Damasus. An keiner der beiden Stellen characterisirt sich die Darstellung als auf einen andern Bericht beruhend, sondern als auf dem unmittelbar selbst Erlebten. Besonders trifft das aber die Auseinandersetzung über das Verhalten des Ambrosius zur Zeit des Concils gegen einen gewissen Leontius von Salona auf f. 322', bezüglich dessen es einmal heißt: sicuti id tempore conspirationis vestrae apud Aquilejam (?) idem (Leontius) cum spe etiam aput vos reparationis illo advenisset, publicis auribus intimasse cognoscitur.

Endlich mache ich auf die in f. 320' sich findenden Angaben über das Leben des Palladius und Secundianus aufmerksam, in den Worten [1]): Quorum longevus idemque quantum humanae conscientiae interest inreprehensibilis episcopatus lascivos sordidosque tuos excederet annos. Nam unus eorum post undecim annos presbyterii triginta quoque annorum tunc cognoscebatur episcopus, sicuti etiam et quae non latebat opinio, et ipsa aetas tam annosam ejusmodi testabatur functionem; sed et lectorum et ministrorum a vobis pro moribus vestris institutorum, qui et canitiem execrandam et senectutem ejus abominabilem vobis cum voluntate audientibus vociferabantur [2]), indicabat impiactas. Alter ab adulescentia clericus adque per singulos gradus ad episcopatum .... Eine Darstellung, wie sie zu erwarten steht, wenn einer der beiden auch der Schreiber dieser Worte ist. Ein Dritter würde die beiden Verfolgten schwerlich so bescheiden gelobt und das Thatsächliche aus ihrem klerikalen Leben nur so äußerlich dargestellt haben.

Gegen diese Ansicht vom Verfasser spricht das Eine, daß von Palladius überall in der Schrift in der dritten Person die Rede

---

1) Vrgl. zum Theil Waltz a. a. O. S. 22.
2) Die Copie: vociferabatur.

ist, und stets in ganz unverfänglicher Weise, nirgends derartig, wie etwa auch Ambrosius einmal in seinem Schreiben an den Kaiser sagt [1]): Non tanti est Ambrosius, ut propter se dejiciat sacerdotium, sondern im einfachsten Style der Darstellung. Dennoch glaube ich, daß diese Art und Weise sich auch bei unserer Auffassung genügend erklärt. Denn fassen wir einmal den Palladius als Urheber unserer Schrift, so war die letztere unmöglich ein Privatbrief, sondern wenn nicht officieller so doch allgemeinerer Bedeutung [2]), in welcher eine objectivere Darstellungsform sehr wohl am Platze war. Nothwendig aber wurde diese Form, wenn Palladius in seinem und seines Collegen Secundianus Namen zugleich schrieb; denn der ganze Inhalt der Schrift hat gleichmäßigen Bezug auf beide; und am Schluß unserer Erörterungen werden wir sogar sehen, daß eine Angabe des ersteren Stücks aller Wahrscheinlichkeit nach dieses Verhältniß direct bezeichnet.

Dennoch scheint mir, daß wir wenigstens für zwei Stellen uns nach einer andern Erklärung umsehen müssen, die ich noch in der Form suche, in der das Schreiben durch die Abschrift des Maximinus uns vorliegt. Es ist doch wohl undenkbar, daß der an Ambrosius gerichtete Brief wirklich begann: Ambrosius: „Nunc quoniam etc.—" und dann unvermittelt daranschließend fortfährt: Palladius dixit: —, eben so wie nach dem zweiten Citat aus Ambrosius, dessen Anfang leider zerstückelt ist. Es muß hier nicht bloß vom Maximin die ihm für seinen Privatgebrauch überflüssig erscheinende Anrede ausgelassen sein, er hat offenbar sich auch begnügt statt der eigentlichen Einführung der jedesmaligen Rede einfach Ambrosius und Palladius davor zu setzen.

---

[1]) Ambros. ep. 21. ed. patr. IV. saec. Tar. 1842. Ambr. T. VII. p. 337.

[2]) Dadurch erklären sich auch die Worte Auxentium qui sine successore decessit, da doch Ambrosius selbst der längst eingesetzte Nachfolger war, der aber den angeführten Worten nach von dem Arianer nicht anerkannt wurde. Vrgl. die oben S. 5 erwähnte Nichtanerkennung des Amtes eines Athanasianers beim Maximin.

Auch hier und da in Verlauf der Schrift scheint er Aehnliches gethan zu haben. So wenn er einfach den Uebergang zu neuen auf dem Concil verhandelten Fragen macht: rursus, si filius immorthalis deus; (f. 318′) oder rursus, si acqualis patri filius (f. 319), wo ursprünglich gewiß ein vollständiger Satz gestanden hat [1])

Wir dürfen hier auch wohl geltend machen, daß Maximin im ersten Stücke mehrfach Wendungen aus dem zweiten entnommen hatte, letzteres also nicht bloß für die oben aus demselben citirten den Palladius selbst erwähnenden Worte seine Quelle war, daß wir aber nirgends eine Spur finden von einer andern Schrift des Palladius außer der citirten von uns auf's zweite Stück bezogenen. Es muß das aber um so mehr in Anschlag gebracht werden, als eine noch eingehendere Schilderung des aquilejer Concils von Seiten des Palladius, als die im zweiten Stück der Handschrift gegebene, dem Maximin noch Näheres hätte an die Hand geben müssen bei seinen Gegenbemerkungen gegen die als unvollständig gescholtenen Acten jenes Concils. So heißt es aber f. 281′, wie schon erwähnt, Hi ideo paria de filio exigebant. und f. 317′ statim paria de filio exigenda duxisti. Auf f. 281′ beruft er sich auf des Ambrosius Schrift, darin ständen tres esse irresolutos. Es steht aber nicht dort, sondern das zweite Stück interpretirt die Schrift des Ambrosius durch jenen Ausdruck. Auf f. 282. folgt nach den Worten: ut autem percenseam ipsa verba, sicut indicat textus das Bekenntniß des Palladius, so wie es auf f. 317 steht, und zwar genau nur soweit, als es dort angegeben ist. Das Citat aus Cyprians advers. Demetrianum ist offenbar angeregt dadurch, daß das zweite Stück den Ambrosius auf f. 323′ mit jenem Demetrian vergleicht. Ein hi cum humilitate agebant auf f. 286 weis't auf f. 316′: sed cum ea modestia, quae furentes animos posset lenire, responsum est tibi hin. Ebenso die Schilderung

---

[1]) Doch nimmt durch diese einzeln stehenden Abkürzungen, die nur bei den Uebergängen sich finden, das Ganze nicht den Charakter eines Auszugs an.

auf f. 287. vom anfänglichen Stillschweigen des Palladius und Secundianus auf dem Concil auf eine Darstellung auf f. 317'.

Zum Schluß dieser Frage darf ich nicht übergehen, daß zu den Gründen, die Waitz[1]) aufstellt um zu beweisen, daß die Handschrift, wie sie vorliegt, ein Autographon, und zwar des Bischofs Maximin ist, auch das gehört, daß sich in ihr Aenderungen und Zusätze finden, die vielmehr wie Verbesserungen eines Autors, als wie Correctur bloßer Schreibfehler aussehen; und daß sich solcher mehrere auch aus dem zweiten Stücke zusammen stellen ließen. Leider hat es die vorliegende Copie versäumt, die betreffende Stellen zu bezeichnen, so daß eine Beurtheilung des Einzelnen nicht möglich ist. Aber wir können um so sicherer behaupten, daß Maximin im zweiten Stück nicht als der Verfasser desselben schreibt, als er dasselbe an den Rand der Concilsacten, durch deren Nichtbenutzung sich die Schrift gerade characterisirt, niedergeschrieben hat. Bezüglich der Correcturen vergleiche man aber, daß doch auch in dem abgeschriebenen Briefe des Auxentius sich deren 6 auf 8 Seiten finden[2]). Sind diese im Durchschnitt auch nur untergeordneter Art, so findet sich doch einmal das übergeschriebene Wort substantia. An und für sich widerspricht die Existenz der Correcturen unserer Ansicht also nicht, das muß hier genügen.

Mögen wir aber Palladius als den Verfasser ansehen und die Zeit der Abfassung gerade um's Jahr 381 setzen oder nicht, vorläufig ist es für uns schon wesentlich, daß die Schrift jedenfalls vor 384 verfaßt sein muß, da sie den römischen Bischof Damasus als noch lebend voraussetzt. Nun finden sich dem oben citirten Schlußsatz des Ganzen die Worte angehängt: Unde et cum sancto Hulfila ceterisque consortibus ad alium comitatum Constantinopolim venissent, ibique etiam et imperatores adissent, adque eis promissum fuisset concilium, ut sanctus Auxentius

---

[1]) a. a. O. S. 18 f.
[2]) Waitz a. a. O. S. 10 ff.

exposuit, agnita promissione prefati prepositi heretici omnibus viribus institerunt, ut lex daretur, quae concilium prohiberet, sed nec privatim in domo nec in publico vel in quolibet loco disputatio de fide haberetur. Hätten diese Worte denselben Verfasser mit dem vorhergehenden Schreiben, so wäre es fraglos, daß jene Reise des Ulfilas vor 384 stattgefunden hätte. Indessen fährt die Schrift fort: sicut textus indicat legis:

Imperatores Valentinianus, Theodosius et Archadius, Augusti, Tatiano, praefecto praetorio. Nulli egressum publicum nec disceptandi de religione vel tractandi vel consilii aliquid deferendi patescat occasio. Et si quis post haec ausu gravi adque damnabili contra hujusmodi legem veniendum esse crediderit vel insistere motu pestifere perseverationis audebit, conpetenti poena et digno supplicio cohercetur. Dato 16. Kal. Julias, Stobi, Theodosio et Cynegio conss.

Item alia:

Idem imperatores ad Eusignium praefectum pretorio. His, qui sibi tantummodo existimant colligendi copiam contributam, si turbulentum quippiam contra nostrae tranquillitatis preceptum faciendum esse temtaverint, ut seditionis auctores pacisque [turbatae ecclesiae, majestatis capite ac sanguine sint supplicia lui]turi. Dat. 10. Kat. Feb. . . . .

Das erste Gesetz ist aus dem Jahre 388, das zweite aus 386, sind also später gegeben, als obige Schrift verfaßt ist. Während demnach nicht daran gezweifelt werden kann, daß wir es am Schluß überhaupt mit einem Anhängsel zu thun haben, so fragt sich jetzt, ob die Notiz von der Reise des Ulfilas zum Schreiben selbst, oder zum Anhängsel gehört. Auch hier ist die Antwort nicht schwer. Der ganze Styl und die Wendung des Gedankens verlangt die Notiz vom Schreiben zu trennen.

Nicht bloß schließt vor dem unde et cum Ulfila „die lebhafte Anrede, in der mit zuversichtlicher Kühnheit, um den arianischen Glauben weiter zu vertheidigen, eine Synode in Rom verlangt wird", ¹) die gehobene Haltung der langen Periode ²), die mit dem Gedanken an einen Sieg mit der Hülfe Gottes durch seinen Sohn endet, bildet auch einen passenden Schluß der ganzen Schrift, dessen Eindruck nicht bloß durch die nachfolgende historische Notiz nicht erhöht oder auch nur unterstützt wird, sondern der selbst stilistisch durch die matten Wendungen des Nachfolgenden wie im Sande verläuft.

So bequem es freilich auch wäre für unsere Beweisführung, daß Ulfilas der vorliegenden Stelle nach nicht erst 388 nach Constantinopel gereis't sei, wie es Waitz aufgestellt hat, wenn wir behaupten könnten, daß das unde et cum Ulfila in einem Briefe stände, der mindestens vor 384 geschrieben ist, so können wir hier doch nicht anders, als jene historische Notiz mitsammt jenen Gesetzen das spätere Anhängsel bilden zu lassen.

Es behauptet nun Waitz ³): „Das ausdrückliche Zeugniß, daß das Gesetz des Jahres 388 durch jene Forderung der Arianer

---

¹) Waitz a. a. O. S. 25 f.

²) In der Lücke hat man Namen der katholischen Bischöfe zu Constantinopel zu ergänzen wegen des folgenden prefati propositi heretici, die in der Schrift selbst nicht weiter vorkommen. Von scito wird ein doppelter Acc. c. inf. abhängen, verknüpft durch tam — [quam]. Ich fasse den Gedanken: So wisse dennoch, daß eure Bischöfe zu Constantinopel sich eben so sehr vor uns fürchten, als Palladius und Auxentius es nicht beim glorreichen Kampf an sich fehlen lassen werden. Nur so ist ein Uebergang zum folgenden unde et cum sancto Ulf. möglich, mag letzterer zum Schreiben oder zum Anhängsel gehören. — Ich kann hier vorweg nehmen, daß unsere Ergänzung um so berechtigter ist, wenn wir die Schrift auf das Jahr 381 beziehen, in welchem die betreffenden Bischöfe von Constantinopel sich alle Mühe gegeben hatten, ein Concil zu verhindern; die Sache war also noch im frischen Angedenken.

³) a. a. O. S. 48.

veranlaßt wurde, läßt sich überhaupt mit keinem Grunde in Zweifel ziehen. Freilich wird auch die lex von 386 dazu gestellt, allein nur wie dieselben Maaßregeln bekräftigend ohne unmittelbar mit den Begebenheiten, die vorher erzählt sind, in Verbindung gebracht zu werden". Indessen fassen wir die Sachlage genauer ins Auge, so ist die Quelle des Maximin für die historische Notiz, wie er selbst sagt, Auxentius, ein dem Factum gleichzeitiger Gewährsmann, für das zu zweit genannte Gesetz aber ist es eben so fraglos der Codex Theodosianus XVI, 4. 1. Es würde hierfür natürlich nicht entscheidend sein, wenn das Citat überhaupt dem ganzen Wortlaut nach nur mit einem Gesetze des Codex übereinstimmte [1]), aber gerade das erwähnte Gesetz bietet so eigenthümliche Verstümmelungen im Codex dar, wie sie nur erklärlich sind aus den Zwecken des Codex, wie sie aber unmöglich zweimal unabhängig von einander gemacht werden konnten.

Cod. Theod. XVI, 4. 1. ist nämlich nur eine Verstümmelung von XVI, 1. 4. Letzteres lautet: Imppp. Valentinianus, Theodosius et Arcadius AAA. ad Eusignium Pf. P. Damus copiam colligendi his, qui secundum ea sentiunt, quae temporibus divae memoriae Constantii, sacerdotibus convocatis ex omni orbe Romano, expositaque fide, ab his ipsis, qui dissentire noscuntur, Ariminensi concilio, Constantinopolitano etiam confirmata, in aeternum mansura decreta sunt. Conveniendi etiam, quibus jussimus, patescat arbitrium; scituris his, qui tibi tantum[modo] existimant colligendi copiam contributam, quod, si turbulentum quippiam contra nostrae tranquillitatis praeceptum faciendum esse tenta-

---

1) Statt des von Waitz (S. 33) gelesenen contra nostra et sanc[ti]tatis preceptum, schreibt man doch richtiger mit der Lesart des Cod.: contra nostrae tranquillitatis pr. Eine Verlesung des s für r war leicht, das c muß der Anfang von q gewesen sein, und sollte da, wo Waitz ti ergänzt, nicht Raum genug für uilli sein, so bleibt es doch immer natürlicher dort einen kleinen Schreibfehler anzunehmen, als in der ganzen Stelle etwas Unverständliches.

verint, ut seditionis auctores pacisque turbatae ecclesiae, etiam majestatis capite ac sanguine sint supplicia luituri. Manente nihilo minus eos supplicio, qui contra hanc dispositionem nostram obreptive aut clanculo supplicare tentaverint. Dat. X. Kal. Febr. Mediolano, Honorio NB. P. et Evodio coss.

Das im vorliegenden gesperrt Gedruckte bildet die erwähnte Verstümmelung, wie wir sie XVI, 4. 1. lesen. Ein modo ist daselbst dem tantum angehängt, und für Mediolano heißt es daselbst Constantinopoli. Fehler in den Daten der Gesetze sind nicht so selten im Codex, daß man dieser Abweichung wegen annehmen dürfe, jener Theil des ganzen Gesetzes sei zu Constantinopel besonders edirt. Ist doch in jenem Theile weder eine Construction des Satzes, noch bildet der Inhalt einen vollständigen Gedanken. Wer aber trotzdem an dieser Angabe des Datums sich stoßen wollte, wird doch jedenfalls in Vergleich ziehen müssen, daß auch die citirte Verstümmelung des Gesetzes wie das vollständige an Eusignius Präf. Prät. des Occidents gerichtet ist, dem man unmöglich vom orientalischen Hofe aus einen unklaren Satz aus einem ihm schon vom Valentinian überkommenen Gesetze als ein anderes Gesetz übersenden konnte.

Das ganze Gesetz, wie wir es XVI, 1. 4. lesen, ward nämlich von Valentinian zu Mailand gegeben bei Gelegenheit des Streites zwischen Ambrosius und dem durch die Kaiserin Mutter Justina neu eingesetzten arianischen Bischof Auxentius II. [1]), der dem ariminisch-constantinopolitanischen Bekenntnisse folgte. Beide Parteien sollen gleiche Rechte der Versammlung haben; wenn aber diejenigen, welche sich allein das Recht der Versammlung gegeben wissen wollen, die Katholiken, Unruhen dagegen erregen, so sollen sie wie Aufrührer bestraft werden.

Oefter sind im Codex einzelne Theile ganzer Gesetze unter den einzelnen Titeln aufgeführt. Auch hier kann man nicht zwei-

---

[1]) cf. Gothofr. ad. h. l.

selhaft sein, daß ein Theil des XVI, 1. 4. in XVI, 4. 1. unter den Titel de his, qui de religione contendunt gerathen ist. Der dabei leitende Gedanke war, daß das contendere de religione nicht als ein bloßes Disputiren gefaßt wurde, sondern als wirklicher äußerer Streit.

Ein selbstständiges Gesetz für einen solchen Fall hätte selbstverständlich sich nicht auf ein praeceptum tranquillitatis nostrae bezogen, über dessen Bedeutung gar keine weitere Aufklärung gegeben wird. Erst das vollständige Gesetz macht uns den Gedanken ganz klar.

Während es also zu begreifen ist, wie die Verfasser des Codex den Theil des Gesetzes an der genannten Stelle besonders aufführten, trotzdem, daß ihr Gedanke dabei nicht ganz exact war [1]), so sind eben keine Umstände denkbar, unter denen die eigenthümliche Verstümmelung ohne Rücksicht auf Construction und Gedankengang noch ein zweites Mal unbeeinflußt von der Ausgabe des Codex entstanden wäre, und müssen wir somit behaupten, daß das Citat dieser Verstümmelung bei Maximin erst nach 438 geschrieben ist, als dem Jahre, in welchem der Codex zuerst publicirt wurde.

Diesem widerspricht nun die Ansicht von Waitz, daß weil in der Schrift des Maximin Ambrosius direct angeredet wird wie ein noch lebender, dieselbe spätestens 397, dem Todesjahre des Ambrosius, aufgesetzt sein müsse. Indeß wird Ambrosius doch wohl nur in dem von Maximin wiedergegebenen Schreiben des Palladius als ein noch lebender angeredet. Ein Punkt, der sich erst aus der vollständigen Lesung der ganzen Handschrift, wie sie erst jetzt uns vorliegt, ergeben konnte. Nur das erste Stück der Schrift enthält selbstständige Aeußerungen des Maximin, und wenn wir oben sahen, daß er allerdings in dem Citat aus Cyprian die Wendung anbringt „quod et tu Ambrosi fecisse comprobaris", so läßt die Form des Gesagten doch unschwer erkennen, daß er dort lediglich eine Apostrophe anwendet, ebenso, wie bei den kurz vor-

---

[1]) cf. Gothofr. l. c.

hergehenden Worten „quod vos facere conati estis", die demselben
Citat eingefügt und auf die ambrosische Partei im aquilejer Concil
bezogen sind. Die dritte hierher gehörende und oben von mir an=
geführte Stelle: „quia in pleno concilio vobis responderet" soll
eine Verbesserung des Concilprotocolls sein, und versetzt sich also
Maximin dabei in die Umstände des Concils. Alle übrigen Be=
merkungen, die Maximin bezüglich des Concils macht, sprechen
von den Gegnern in der dritten Person, und lassen auf seine
persönliche Stellung zu jenen nicht im Geringsten etwas
schließen. Das unmittelbare Zeugniß des Citats aus dem Codex
erleidet also in Wahrheit durchaus keinen Widerspruch; und müssen
wir dabei bleiben, daß Maximin nach 438 schrieb.

Ich denke unter solchen Umständen darf man dann weiter
behaupten, daß Auxentius, wenn er von der Reise des Ulfilas,
auf der er ihn selbst schon als Bischof von Ratiare begleitete,
schrieb, die betreffende Schrift, worin er es that, nicht erst 50 Jahr
nach der Reise selbst verfaßte. Das aber müßte der Fall sein,
selbst wenn die Reise erst in's Jahr 388 fiel, und wenn Auxen=
tius schon, nicht erst Maximin, das Citat des zweiten Gesetzes
der historischen Notiz sollte angefügt haben. So bleibt uns denn
nichts anders übrig, als daß Maximin für sein Anhängsel zwei
Quellen benutzt hat, eine Nachricht des Auxentius für den An=
fang desselben und den Codex Theodosianus, zunächst für das
zweite Gesetz. Es fragt sich also weiter, ob wir das mittlere
Stück, das erste der citirten Gesetze, mit dem ihm Vorhergehenden
oder Nachfolgenden aus gleicher Quelle fließen lassen. Da
beachte man denn zunächst, daß beide Gesetze unmittelbar
neben einander im Cod. Theod. stehen, so daß die Wahr=
scheinlichkeit, daß letzterer für beide die Quelle war, von vorne
herein die größere ist. Hat aber Auxentius nicht selbst geschrie=
ben, daß das betreffende Gesetz vom 16. Juni 388 in Folge
der ulfilasschen Reise gegeben sei, sondern Maximin erst 50 Jahr
später im Cod. Theod. nachgesehen, welches Gesetz zu der vorlie=
genden historischen Notiz wohl passe, so können wir auch nicht

mehr behaupten, es gäbe keinen Grund daran zu zweifeln, daß er das richtige Gesetz getroffen habe. Unter solchen Umständen war ein Irrthum doch viel zu leicht möglich, da im Coder sich keine äußeren Zeugnisse für die Entstehung der beiden Gesetze finden.

Wenn es mir nun in Folgendem gelingen sollte, nachzuweisen, daß die Reise der Bischöfe mit dem angegebenen Zwecke und Erfolge der historischen Umstände halber nicht wohl ins Jahr 388 gesetzt werden kann, daß ferner das citirte Gesetz von 388 zu ganz andern Zwecken gegeben ist, als sie hier vorausgesetzt werden, und selbst dem Wortlaut nach etwas ganz anderes aussagt, als das, wozu es ein Beleg sein soll, so denke ich, habe ich mir das Recht verschafft, mit demselben Material, welches Maximin benutzte, mit der Notiz des Auxentius und dem Cod. Theod. nach einem andern Gesetze zu suchen, das auf den gegebenen Fall paßt. Die Kirchenhistoriker sollen uns dabei helfen.

Zunächst müssen wir zur Beurtheilung herzuziehen, daß Ulfilas starb, als er zu jenem Concil imperiali praecepto sich nach Constantinopel begeben hatte. Wenn nun seine Reise, deren Zeitbestimmung uns vor der Hand beschäftigt, erst ins Jahr 388 fiel, so konnte jenes Concil frühstens in dasselbe Jahr fallen; letzteres ist eben die Ansicht, welche Waitz vertheidigt. Die Schwierigkeiten, welche ihm dabei aufstoßen, stellt er S. 47. dar: „freilich wissen wir nichts von einer Versammlung von Bischöfen zu Constantinopel im Jahre 388; die Kirchenhistoriker, die von den Ereignissen dieser Zeit gut unterrichtet sind, erwähnen der Sache nirgends. Nach dem Concil von 383 wurden die Arianer verfolgt und durch Gesetze mehr und mehr beschränkt und eingeengt. Daß Theodosius sie noch später zu einer Kirchenversammlung vorgeladen habe, ist nicht wahrscheinlich." Ich muß hier besonders betonen, daß Theodosius im Jahre 383 alle Secten vorgeladen hatte, um den Versuch einer allgemeinen Einigung zu machen; daß der Versuch aber vollständig scheiterte durch die Zwietracht innerhalb der Secten selbst, daß alsdann das Gesetz vom 25. Juli alle Häretiker verdammte, so daß bei dem nun folgenden Schweigen der Historiker über den Streit es doch zu sehr den Anschein gewinnt, daß man ihn in Wahrheit auch nie wieder aufgenommen hat im oströmischen Reiche. Betrachten wir dann die Verhältnisse des Jahrs 388 selbst.

Frühstens nach dem 8. September 387, an welchem Datum er noch zu Mailand war [1]), verließ Kaiser Valentinian von Maximus vertrieben, Italien und kam erst nach langer Seefahrt zu Schiff in Thessalonika an [2]). Von dort schickte er eine Gesandschaft zum Theodosius nach Constantinopel, welcher letztere sich dann mit einem Theile des Senats nach Thessalonika begab, sich dort zum Kriege gegen Maximus rüstete, und im Juni 388 sich auf dem Marsche nach Italien befand. Obgleich sich die Möglichkeit, daß er in der Zwischenzeit sich wiederum, aber dann jedenfalls nur auf kurze Zeit, nach Constantinopel begeben habe, bestreiten läßt, so ist auch das nicht wahrscheinlich, eben weil er den Senat zum Theil selbst mitgenommen hatte, und weil die Kriegsrüstungen ihn jedenfalls wesentlich in Anspruch nehmen mußten. Vom 10. März und letzten April besitzen wir Gesetze aus Thessalonika datirt.

Diese Umstände machen es außerordentlich unwahrscheinlich, daß ihn während derselben eine arianische Gesandschaft in Constantinopel aufgesucht, und er derselben gerade damals wirklich ein Concil versprochen hätte, und zwar in so entschiedener Weise versprochen hätte, daß die Gegenpartei schleunigst alle Kräfte anstrengen mußte, um ihn schließlich doch zum Erlaß eines das Concil verhindernden Gesetzes zu bewegen. Dazu kommt dann, daß das betreffende Gesetz selbst erst von Stobi aus in Macedonien, als der Kaiser sich schon auf dem Marsche gegen Maximus befand, datirt wäre. Ohne die einzelnen Unwahrscheinlichkeiten dieser Ansicht hier aufzuzählen, mache ich nur die geltend, daß ein Bischof von Ratiare (bei Widdin), ein zweiter von Dorostorum (Silistria) und ein dritter aus dem Innern Thraciens

---

[1]) cf. Cod. Th. VI, 28. 4.
[2]) Zosimus IV, 43.

doch viel zu weit von einander entfernt waren, um, sei's unter welchen Umständen es sei, grade eine Zeit abzupassen, in der Theodosius sich bei der damaligen Lage der Dinge etwa in Constantinopel befand. Aus Obigem geht hervor, daß sein Hof für den ersten Theil des Jahrs 388 zu Thessalonika war, dorthin hätte die Gesandschaft sich wenden müssen. Zweitens konnte schon bald nach dem Anfange dieses Jahrs kein Zweifel über den ausbrechenden Krieg mehr obwalten, und der Ausgang war von vorn herein mehr als zweifelhaft, da der Gegner des Theodosius ihm an Kräften positiv überlegen war¹). Keine Zeit konnte weniger die Arianer zu einem Concil auffordern, als die, wo die Existenz des feindlich gesinnten Kaisers wieder in Frage gestellt war, und in wie weit ihre Hoffnung auf ihnen günstigen Eventualitäten gerichtet war, darüber vergleiche man nur, wie schon das Gerücht von einer Gefangennahme des Theodosius durch Maximus, das sich während des Feldzuges zu Constantinopel verbreitete, einen nicht unbedeutenden Aufstand der dortigen Arianer bewirkte²). Andererseits brauchten die Katholiken zu keiner Zeit weniger besorgt zu sein, daß es wirklich zu einem Concile käme, als damals, so daß man nicht einsieht, wie ihre Anstrengungen gegen ein solches Versprechen in jener Zeit sollten motivirt gewesen sein.

Es müßten also die positiven Gründe für eine Verlegung der Gesandschaft der arianischen Bischöfe nach Constantinopel ins Jahr 388 schon ganz unangreifbar sein, wenn wir die oben angeführten Schwierigkeiten dieser Ansicht als unwesentlich betrachten wollten. Zweitens aber wird durch das citirte Gesetz von 388 keineswegs ein Concil verhindert.

Waitz lies't freilich: Nulli egressum publicum nec disceptandi de religione vel tractandi vel conci[lii] aliquid deferendi patescat occasio; da aber concilii weder der Construction noch dem Zusammenhange des Gesetzes nach irgend wie verständlich

---

¹) Vrgl. Tillemont. hist. d. emp. V, p. 603.
²) Socrates hist. eccl. V, 13. — Sozom. VII, 14.

ist, so wird an jener Stelle des Gesetzes in Wahrheit doch wohl consilii zu lesen sein, wie es sich im Cod. Theod. XVI, 4. 2. ohne Variante findet. Niemand sollte also öffentlich über Religion disputiren, verhandeln, oder irgend einen Rathschlag vorbringen. Ich sehe nicht, in welchem Bezuge das mit einem etwa beabsichtigten Concil stehen konnte, da es sich hier doch nur um eine polizeiliche Verordnung handelt, um die Ruhe in den Städten zu erhalten [1]. Ein allgemeines Concil bedurfte so wie so der besonderen Zustimmung des Kaisers [2]) und konnte trotz vorliegender Bestimmung, welche Unberufenen vor beliebigem Publicum zu disputiren verbietet, gehalten werden, wenn es im Uebrigen dem Kaiser gefiel. Umgekehrt mußte dem Kaiser gerade in jenem Augenblicke viel daran liegen, daß das Land, welches er eben eines bedenklichen Kampfes wegen verließ, auch nicht durch Unruhen geringerer Art gestört wurde, zumal er darauf rechnen konnte, daß die ganze Partei der Arianer gern jede Gelegenheit ergreifen würde ihm zu schaden, wie das erwähnte Beispiel vom Aufstande zu Constantinopel uns lehrt. So hält es auch Tillemont [3]) für möglich, der aber außerdem noch darauf aufmerksam macht, daß der Kaiser die Majestät der religiösen Dogmen vor respectwidriger Besprechung hätte schützen wollen, also auch darnach hier gewiß nicht an ein Concil gedacht hätte, ja nicht einmal lediglich an die Arianer oder andere

---

[1]) Die Sitte oder Unsitte des öffentlichen Disputirens, wie es das Gesetz verbietet, ist bekannt durch die Schilderung des Gregor von Nazianz (orat. de deitate filii et spir. sancti. s. Opp. III, 466): "Alles in der Stadt (Constantinopel) ist voll von solchen, welche über die unbegreiflichen Dinge dogmatisiren, die Straßen, die Märkte, die Trödler, die Wechsler, die Eßwaarenhändler ɔc." Ueber die Gefahren dieser Oeffentlichkeit vergl. Ammian. Marc. XXII, 5., wo Julian die Christen zur Einigkeit ermahnt, weil er den so sehr zum Aufruhr geneigten Pöbel, wenn keine Religionsstreitigkeiten mehr vorlägen, weniger glaubte fürchten zu dürfen.

[2]) Kurz, Handbuch der Kirchengesch. §. 144, 4.
[3]) Hist. d. empér. V, 606. Brux. 1710.

Secten; denn das Respectwidrige lag in der Art der Besprechung. Aber ohne gerade darauf Gewicht zu legen, so steht doch zu beachten, daß in der That unser Gesetz auf keine etwaige Secten Bezug nimmt, wie denn auch der Tit. IV. des 16. Buchs, de his, qui de religione contendunt, unter welchem es im Cod. Theod. steht, durchaus nichts Besonderes über Nichtkatholiken bestimmt. Andererseits stand doch auch innerhalb des katholischen Dogmas damals noch längst nicht Alles so fest, als daß nicht angeregte Controversen zu Unruhen ausarten konnten. Auch hierzu vergleiche man die sämmtlichen folgenden 6 Gesetze des Tit. IV. von denen 1. 3. aus dem Jahre 392 diejenigen mit Deportation belegt, qui fidem catholicam turbant et populum; 1. 4. u. 5. aus dem Jahre 404 warnt vor tumultuösen Conventikeln; 1. 6. desselben Jahres verbietet die Zusammenkünfte derer, qui orthodoxorum religione suffulti, spretis sacrosanctis ecclesiis, alio convenire conantur.

Dazu kommt dann schließlich, daß das Gesetz vom 10. März desselben Jahrs 388 die Apollinarianer und übrigen Sectirer von allen Orten entfernt zu halten gebietet, von den Mauern der Städte, der Zusammenkunft ehrlicher Leute, von der Gemeinschaft mit den Heiligen. Dieselben sollen keine Geistlichen einsetzen, weder in öffentlichen noch Privatkirchen zusammen kommen. Ihre Bischöfe sollen selbst diesen Namen verlieren, und es heißt zum Schluß: His etiam illud annectimus, ut supra memoratis omnibus adeundi atque interpellandi serenitatem nostram aditus denegetur. Eher könnte man meinen, wenn man die Verhältnisse des Jahres 388 unberücksichtigt läßt, dieser Zusatz wäre in Bezug auf die Reise und Bitte unserer Bischöfe gemacht, aber anzunehmen, ein Vierteljahr nach diesem Gesetze sei ein zweites gegeben, welches ein den entsetzten von jedem Zutritt am Hofe abgesperrten Bischöfen dennoch versprochenes Concil verhindern sollte, scheint mir doch ganz unerlaubt zu sein. Dazu kommt denn noch weiter, daß gerade zwei Tage vor dem Gesetze vom 16. Juni 388 ein anderes edirt wurde, des Inhalts, daß keinerlei Secte irgend welche Zusammenkunft (conventus) zu halten, keinerlei Abhandlungen vorzutragen (inire tractatus, zu vergleichen mit dem tractandi des Gesetzes vom 16.) oder geheime Gesellschaften zu veranstalten, oder zu opfern, oder Mysterien zu feiern erlauben sollte, und daß besondere Leute dazu bestellt werden sollten, dergleichen zu verhindern und zur Anzeige zu bringen. So deutlich wie in diesem Gesetze die Steigerung des Verbots der Secten seit dem 10. März desselben Jahres vorliegt, indem jetzt sogar zur Aufspürung der geheimen Zusammenkünfte Spione bestellt werden, in gleichem Maaße ist es mir undenkbar, daß man zwei Tage darauf ein Gesetz erließ, dessen Hauptzweck gewesen wäre, denselben Secten zu verbieten ihre Ansichten öffentlich vorzutragen. Betrachten wir die sämmtlichen Umstände der Zeit, so kann man die Bedeutung beider von Stobi aus datirten Gesetze, vom 14. u. 16. Juni 388 nur unter den obigen Gesichtspunkt polizeilicher Zwecke stellen. Das zweite war an Tatianus, den Praef. praet. des Orients erlassen, das erste an Trifolius, der den Umständen nach damals nur Praef. praet. von Illyrien sein konnte [1]). In Illyrien war der Arianismus am meisten zu fürchten, im Orient war er damals schon von geringerer Bedeutung. Es begreift sich, warum ein Gesetz, das wesentlich die Katholiken und das öffentliche Religionsdisput im Auge hat, unter den streitsüchtigen Orientalen, und warum das, welches vor Allen die Arianer betraf, in Illyrien publicirt ward. Auch hier müssen wir sagen, fassen wir nur ganz allgemein den Inhalt des Gesetzes ins Auge, so könnte möglicher Weise das vom 14. Juni in Folge der Reise und Bitte unserer Bischöfe gemacht sein. Uns aber kömmt es an dieser Stelle nur auf den Nachweis an, daß das von Maximin citirte Gesetz nicht das richtige ist.

Können wir nun das Gesetz vom 16. Juni 388 gar nicht

---

[1]) Vrgl. Tillemont. hist. des emp. T. V. notes s. l'emp. Th. 35; wo derselbe zugleich hinreichend nachweist, daß das Gesetz vom 14. Juni 388 von Theodosius gegeben ist, und nicht wie Gothofredus will, vom Valentinian.

einmal dahin verstehen, weder daß es überhaupt Arianer betraf, noch zweitens, daß ein Concil dadurch verhindert werden konnte, so entspricht es auch drittens der Forderung nicht, daß darin eine disputatio de fide privatim in domo oder überhaupt in quolibet loco zu halten verboten wird, denn das Gesetz besagt lediglich, daß dergleichen nicht vor öffentlichem Publicum geschehen soll.

Es ist dieser Fehler doch nur dadurch verständlich, daß Maximin, indem er einmal nach dem Gesetze im Codex suchte, nach dem Titel de his, qui de religione contendunt griff, und dort allerdings dasjenige wählte, welches von allen allein, und selbst doch nur zum Theil, mit dem übereinstimmte, was in der Notiz vorher über den Inhalt des Gesetzes gesagt war; während es doch wohl undenkbar ist, daß Auxentius, der die Sache persönlich mit erlebte, auf so übertriebene Weise das betreffende Gesetz interpretirt habe. So allein ist es denn weiter erklärlich, daß nun auch das ganz und gar nicht hierher passende Gesetz von 386 mit citirt wird, denn es geht gerade dem erwähnten vom Jahre 388 im Codex vorher, bezieht sich aber genau gefaßt auf schnurstracks entgegengesetzte Verhältnisse und ist nicht von Theodosius, sondern von Valentinian von Mailand aus zu Gunsten der Arianer erlassen, wie wir schon oben bemerkt haben. So beachte man denn auch, daß wenn Maximinus das Gesetz von 388 in des Auxentius Bericht schon vorfand, er höchst überflüssiger Weise noch nach einem andern im Cod. Theod. sich umgesehen hätte. Ja hätte er selbst das Gefühl gehabt, daß das Gesetz von 388 vollständig zu dem zu belegenden Falle paßte, so wäre er wohl überhaupt nicht darauf gekommen noch ein zweites heranzuziehen, das nur seiner oberflächlichsten Betrachtung hierher zu gehören scheinen konnte.

Soll daher seine Gedankenlosigkeit an jener Stelle nicht gar zu groß gewesen sein, so hat ihn der Ausdruck: qui sibi tantummodo existimant colligendi copiam contributam völlig getäuscht; denn aus seiner Handschrift f. 288' ersehen wir, daß er der Ausicht war¹), die Kirchen seien den allein Berechtigten entrißen, und er fühlt sich als Arianer um so mehr getroffen, weil obiger Satz offenbar im feindlichen Sinne geschrieben ist. Da aber die Arianer, denen die Basiliken verschlossen waren, nur in Privatversammlungen vel quolibet loco zusammenkommen konnten, so ist es hier doch unmittelbar nahe gelegt, daß das Citat des zweiten Gesetzes den Gedanken des sed nec privatim belegen soll, wie das des ersten den Gedanken des nec in publico. Auch hier kann nur der Titel schuld gewesen sein, daß das Gesetz auf Privatdisputationen bezogen ist.

Daraus folgte aber ein so enger Zusammenhang beider Gesetze in diesem Citat, daß es nicht zulässig ist, durch das erstere allein das zu erläuternde historische Factum chronologisch zu bestimmen. Bei solcher Sachlage behaupte ich denn allerdings, daß wir der Frage nach dem Gesetze, welches Theodosius in Folge der Reise unserer Bischöfe zur Verhinderung des versprochenen Concils gegeben hat, noch eben so gegenüberstehen, wie Maximinus, und uns im Codex Theodos. nach einem anderen Gesetze umsehen dürfen, als das ist, welches Maximin citirt hat.

Da dürfen wir denn zunächst das schon erwähnte Gesetz vom 10. März 388 (Cod. Theod. XVI, 5. 14.) nicht unberücksichtigt lassen, aus dem jedenfalls so viel hervorzugehen scheint, daß damals der Kaiser von Häretikern — freilich werden nur die Apollinarianer namentlich genannt — um etwas angegangen sei, oder angegangen werden sollte. Dabei aber sogleich an die Bitte um ein Concil zu denken, der der Kaiser zuerst gar nachgegeben habe, dazu giebt das Gesetz selbst, sowie die Umstände der Zeit

---

¹) In der Copie heißt es daselbst: Ergo juste meritoque nunc per omnia exteri cristianis judicavuntur, qui basilicas cristianis violenter diripuerunt et iis denegaberunt. audient utique secundum magisterium Cristi ab ipsis: „ecce relinquetur vobis domus vestra deserta" (ev. Matth. XXIII. 38.), in qua nec baptismum verum celebratur, nec misteria sancta conficiuntur, nec sacerdotium stare potest pulsis sacerdotibus veris.

doch nicht den geringsten Anlaß. Wir suchten aber nicht wahrscheinlich zu machen, daß im Jahre 388 die Secten überhaupt Nichts vom Kaiser zu erbitten hatten, sondern nur, daß es sich dabei nicht um ein Concil handeln konnte. Gehen wir drum einen andern Weg der Untersuchung.

Zunächst wird man es nicht bestreiten wollen, daß der Kaiser, um den es sich hier handelt, Theodosius I. war, und daß derselbe zur betreffenden Zeit sich in Constantinopel aufhalten mußte. Demnach kann man die Reise der Bischöfe nicht vor November 380 setzen.

Gleich nach der damals stattfindenden Ankunft des Theodosius in Constantinopel, unmittelbar nach der Entsetzung des Demophilus als Bischof von Constantinopel am 26. Nov. 380 [1]), ehe er vom großen Concile im Juni 381 spricht, erzählt Sozomenos [2]):

Damals versuchten die Arianer durch Leute am Hofe Einfluß auf den Kaiser zu gewinnen, und die Katholiken geriethen darüber um so mehr in Angst, als sie die Kraft der Rede des Eunomius wohl kannten, der seit einiger Zeit sich in Bithynia, Constantinopel gegenüber, aufhielt, so daß Viele zu ihm hinüber fuhren, und manche auch von andern Secten bei ihm zusammen kamen, theils um ihn zu versuchen, theils um seine Reden zu hören. Das Gerücht davon kam auch dem Kaiser zu Ohren, und er beschloß eine Unterredung mit ihm. Die Kaiserin, für ihr katholisches Glaubensbekenntniß besorgt, fürchtete nicht ohne Grund, daß der Kaiser von Eunomius verführt werden möchte, und während so auf beiden Seiten der größte Eifer herrschte, begaben sich die in Constantinopel anwesenden Bischöfe zum Kaiser zur gewöhnlichen Begrüßung. Bei dieser Gelegenheit suchte nun der heilg. Amphilochius, Bischof zu Iconium [3]), dem Kaiser deutlich die

---

[1]) Socr. Hist. eccl. V, c. 7.
[2]) Hist. eccl. VII, 6.
[3]) So nennt ihn wenigstens Theodoret. hist. eccl. V. c. 16, während

Verkehrtheit der Arianer vor Augen zu führen, indem er seinem Sohne, der dabei saß, nicht gleiche Ehre mit dem Vater widerfahren ließ. Theodosius, zuerst über dies Betragen entrüstet, wurde doch, nachdem jener sich über seine Absicht ausgesprochen hatte, gegen die Arianer eingenommen und ließ sie nicht vor sich, verbot vielmehr das Streiten auf dem Markte und Zusammenkünfte, und gab ein Gesetz, welches ein solches Disputiren über die Natur und οὐσία Gottes für strafbar erklärte.

Rechnen wir das Anecdotenhafte und die katholische Färbung der Erzählung ab, so ergänzen sich dieser Bericht und die dem Auxentius entnommene Notiz leicht. Eunomius mag immerhin den Mittelpunkt gebildet haben, Arianer hatten sich jedenfalls in Menge in und um Constantinopel eingefunden, und am Hofe Befindliche hatten Einfluß auf den Kaiser gewonnen. Die Furcht der Katholiken war groß und nicht geringer ihre Anstrengung. Auffallend erscheint dabei allerdings, daß im Sozomenus von keinem Concil die Rede ist, aber es ist nicht schwer einzusehen, wie der katholische Bericht nur um die Sache herum geht, und daß hinter der gewünschten Unterredung mit Eunomius mehr steckt, als geradezu gesagt ist.

Sollte wirklich jener Wunsch des Kaisers allein jene allgemeine Aufregung der Katholiken hervorgerufen haben? Sollte wirklich nur die Neugier freundlich und feindlich gesinnte Häretiker gerade damals zu gleicher Zeit von den verschiedenen Secten zum Eunomius gelockt haben? Ich glaube nicht, daß diese Auffassung des Sozomenus, dessen Treue doch keinesfalls derartig feststeht, so maaßgebend ist, daß wir nicht schon jetzt auch den arianischen Bericht des Auxentius auf dasselbe Factum beziehen könnten, zumal der Schluß beider Angaben von einem Gesetze

---

Sozomenus nur von einem einfachen Greise, Bischof einer unbedeutenden Stadt, spricht. Im Uebrigen stimmen beide Autoren genügend überein. Vrgl. Tillemont mém. p. s. VI. p. 628 f.

spricht, welches das Disputiren über die arianischen Fragen in Zusammenkünften sowohl als auf öffentlichem Markte verbietet. Wenn denn auch hier eine Differenz darin beruht', daß der Inhalt des Gesetzes nach Sozomenus nicht unmittelbar ein Concil zu verhindern scheint, so löf't sich denn schließlich diese Differenz völlig durch das Gesetz selbst, wie wir es vom 10. Jan. 381 im Cod. Theod. XVI, 5. 6. besitzen. Es lautet: „Den Häretikern soll kein Ort ihrer Mysterien, keine Gelegenheit den Wahnsinn ihres zu widerspenstigen Geistes zu üben, frei stehen. Alle sollen wissen, daß [1]), auch wenn Etwas durch irgend ein vermittelst Betrug entlocktes Specialrescript von Menschen dieser Art erlangt ist, dies doch keine Kraft haben soll. §. 1. Die Haufen aller Häretiker sollen an unerlaubten Zusammenkünften verhindert werden. Des einen und höchsten Gottes Name soll überall verehrt, die Beobachtung des nicäischen Bekenntnisses aufrecht erhalten werden. Die Ansteckung des photinianischen Schandflecks, das Gift des arianischen Sacrilegiums, das Verbrechen der eunomianischen Gottlosigkeit und die nach den monströsen Namen der Urheber nicht nennbaren Ungeheuer der Secten sollen selbst für das Anhören abgeschafft werden. §. 2. Ein wahrer Katholik ist der, — — — —, in welchem durch den Sinn des unverfälschten Glaubens kräftig ist die ungetheilte Substantia der reinen Dreieinigkeit, welche durch den griechischen Ausdruck $o\dot{v}\sigma\iota\alpha$ für die Rechtgläubigen bezeichnet ist. §. 3. Diejenigen, welche diesem Glauben nicht ergeben sind, sollen aufhören mit gesuchter List einen der wahren Religion fremden Namen anzunehmen und sollen nach ihren offenbaren Verbrechen bezeichnet werden. Von jeder Kirche Schwelle sollen sie zurückgewiesen werden, indem wir allen Häretikern verbieten, innerhalb der Städte unerlaubte Versammlungen zu halten, und wenn ein Par-

---

[1]) Sciant omnes, etiam si quid speciali quolibet rescripto per fraudem elicito ab hujusmodi hominum genere impetratum est, non valere.

teiaufstand irgend etwas versucht, so befehlen wir, sie selbst aus den Mauern der Städte zu vertreiben, damit allen orthodoxen Bischöfen die katholischen Kirchen im ganzen Reiche zurückgegeben werden".

Nach Zeit und Inhalt des Gesetzes kann es nicht bezweifelt werden, daß es das von Sozomenus erwähnte ist. Nirgends sollen die Häretiker disputiren können, ihre Lehren sollen selbst für's Anhören abgeschafft werden, ihre Versammlungen sind verboten, der Glaube an die nicäische Feststellung des Begriffs der οὐσία Gottes wird eben so bestimmt verlangt, so daß nun kein Streit mehr darüber zulässig ist, als die Lehren der Secten selbst den größten Verbrechen gleichgestellt werden. Andererseits ist denn das Gesetz der Art, daß ein Concil, wenigstens für die Arianer, vollständig dadurch verhindert wurde, indem durch kaiserlichen Befehl gerade der Lehrbegriff festgestellt wird, über dessen Richtigkeit ein derartiges Concil eben zu verhandeln gehabt hätte. Die oben erwähnte Differenz ist also von gar keinem Werthe, und die weitere Uebereinstimmung des Gesetzes mit dem von Auxentius erwähnten ist ohne Ausführung deutlich [1]. Aber für höchst bedeutsam halte ich in unserm Zusammenhange die directe Außerkraftsetzung der Specialrescripte, die die Häretiker sich etwa verschafften. Allerdings nehme ich mir hier das Recht zwischen den Zeilen zu lesen, indem ich dafür halte, daß das auf die möglichen Fälle gegebene Gesetz es hier zunächst darauf abzielt, ein vorliegendes Rescript aus dem Wege zu räumen. Es erklärt sich das eben, sobald wir aus des Auxentius Angabe herzuziehen, daß ein den Arianern von Seiten des Kaisers gegebenes Versprechen zu einem Concile vorlag, und wir dürfen um so mehr

---

[1] Wir werden deshalb in dem von Maximin gebrauchten Ausdruck imperatores in jener bem Auxentius entnommenen Notiz keinen Widerspruch sehen können, zumal er doch wahrscheinlich durch die gleichzeitig dem Maximin vorliegenden Gesetze, welche die Namen der Kaiser an der Spitze tragen, veranlaßt ist.

daran festhalten, daß Sozomenus in seiner Erzählung allerdings nur um die Sache herum ging, daß es sich damals nicht bloß um den Wunsch des Kaisers handelte, mit Eunomius zu sprechen. Jene Einfluß gewinnenden Hofleute sind nach der veränderten Stimmung des Kaisers zunächst mit dem hujus modi hominum genus, a quo per fraudem impetratum est, gemeint. Somit glaube ich, daß wir schon jetzt, soweit wir bei der Art unserer Untersuchung auf Sicherheit des Resultats rechnen können, auch annehmen dürfen, daß die den Ulfilas begleitenden Bischöfe im Jan. 381 im Interesse eines Concils zu Constantinopel waren. Wir haben eine zweite Nachricht, daß Ulfilas zu Constantinopel gestorben ist, als er eines Concils wegen sich dahin begeben hatte. Die betreffende Stelle findet sich in der eigentlichen Schrift des Auxentius, in der er die nähern Nachrichten von Ulfilas giebt [1]), und es lautet dieselbe:

Qui cum praecepto imperiali completis XL annis ad Constantinopolitanam urbem ad disputationem . . . . . . contra p . . . i e . . . (p) . t . stas perrexit, et eundo in . . . . nn . . ne . p . . . ccias sibi ax . . . . . to docerent et contestarentur . . . . abat, et inge . c . . . . supradictam civitatem recogitato ei im . . . . de statu concilii, ne arguerentur miseris miserabiliores, proprio judicio damnati et perpetuo supplicio plectendi, statim coepit infirmari; qua in infirmitate susceptus est ad similitudinem Elisei prophetae. Considerare modo oportet meritum viri, qui ad hoc duce Domino obit Constantinopolim, immo vero Christianopolim, ut sanctus et immaculatus sacerdos Christi a sanctis et consacerdotibus, a dignis dignus digne per tantam multitudinem cristianorum pro meritis suis mire et gloriose honoraretur. Qui et in exitu suo usque in ips[o mortis] momento [2]) per testamentum fidem suam [scrip]-

---

1) S. S. 1. u. 4. Waitz a. a. O. S. 10 ff.
2) Handschrift: monumento.

tam populo sibi credito dereliquit, ita dicens: Folgt das Glaubensbekenntniß des Ulfilas.

Auf den ersten Blick sollte man glauben, daß es sich beide Male um ein und dasselbe Concil handele. So faßt es auch Waitz, ohne freilich zu übersehen, daß nach der einen Stelle die Bischöfe mit Ulfilas an den kaiserlichen Hof kommen, und um ein Concil bitten, während nach der andern Ulfilas auf Befehl des Kaisers zur Disputation nach Constantinopel kommt. Den Widerspruch sucht er deßhalb durch die Möglichkeit zu lösen, „daß der Kaiser den Ulfilas und einige andere Bischöfe nach Constantinopel berufen hätte und daß sie, als sie kamen und das Concil verlangten, anfangs gütige Versprechungen erhielten; dann aber sich getäuscht sahen".

Mit dieser Auffassung verlassen wir aber doch nicht bloß die bestimmten Ausdrücke einer der beiden historischen Notizen, die in der einfachen Art, wie sie gegeben sind, keine Veranlassung geben, an ihrer Richtigkeit zu zweifeln, sondern es widerspricht auch das oben angeführte Citat des Maximin f. 287': Ulfila, qui [1]) ingressus in civitatem Constantinopolitanam de recogitato deputati concilii etc. Kam Ulfilas eines concilii deputati wegen schon an, was soll es dann heißen, daß dasselbe erst später versprochen ward?

Zur Lösung der Schwierigkeit könnte nun daran gedacht werden, daß die Reise des Ulfilas auf kaiserlichen Befehl, während welcher er starb, eine ganz andere, und dann jedenfalls spätere, als die von 381 gewesen wäre; und zwar läge es unter solchen Umständen nahe, die Reise ins Jahr 383 zu setzen wegen des damals zu Constantinopel stattfindenden Concils, zu welchem auf kaiserlichen Befehl Vertreter aller Secten herbeikamen, um noch einmal eine allgemeine Einigung zu versuchen. Auch Waitz

---

[1]) Die Copie liest quin; sollte das nicht aus qui ingresssus entstanden sein? Hernach ist offenbar statu ausgelassen.

bemerkt: „Man könnte glauben, es sei diese Versammlung gewesen, zu der Ulfilas eingeladen wurde. Es ist die einzige unter Theodosius, auf der die Arianer zugezogen sind". Indeß zu dem ganz allgemeinen Zwecke dieser Versammlung paßt es doch unmöglich, daß der einzelne Bischof dabei citirt wurde ad disputationem contra (quendam). Trotz der Lücke glaube ich nicht zu weit zu gehen, wenn ich behaupte, daß die noch lesbaren Worte ein ganz bestimmtes Verhältniß, einen ganz bestimmten Gegner voraussetzen machen. Man ist freilich geneigt, auf den ersten Blick bei dem Texte, wie er zerstückelt vorliegt, das folgende ne — arguerentur auf die Partei des Ulfilas zu beziehen, so daß Ulfilas etwa erkrankte „tief erschüttert" [1]) durch den unglücklichen Ausgang der letzten Kämpfe der arianischen Lehre im Orient, und ist demnach sogar versucht in dem proprio judicio damnati eine Andeutung der Verhältnisse des Concils von 383 zu sehen; denn die bei jener Gelegenheit nur noch stärker hervortretende Spaltung der Secten, und die selbst neu entstehenden innerhalb der einzelnen Secten zogen ein schließliches verdammendes Endurtheil von Seiten des Kaisers nach sich [2]). Doch aber konnte nicht wohl ein Arianer die Sache so fassen, daß vermöge der Spaltungen Anderer — er sah sich selbst als den an, der allein berechtigt war, Katholik zu heißen — er selbst durch sein eigenes Urtheil verdammt würde. An jenes Concil könnte nur gedacht werden, wenn unser Gewährsmann zur wirklich katholischen Partei gehörte. Andererseits erklärt aber auch Maximin den betreffenden Ausdruck, wenn er bemerkt f. 287: „et merito ait: „Proprio judicio damnati", sicut apostolus dicit: hereticum hominem post unam correptionem vel secundam devita sciens, quia perversus est, qui ejusmodi est et delinquet, cum suo proprio judicio damnatur. So ist denn jener Ausdruck auch bei Auxentius, gerade wie das danebenstehende perpetuo supplicio

---

[1] Waitz a. a. O. S. 49.
[2] Sozomenus, hist. eccl. VII, 12. Socrat. h. e. V, 10.

plectendi nur eine Umschreibung des heretici, welche letztere Be=
zeichnung Maximin darum auch in der erweiterten Wiederholung
des Satzes auf f. 286′ (S. Waitz. S. 21.) hinzufügt.

Aber vor Allem gebe ich hier zu bedenken, daß, wenn Ulfi=
las auf seiner Reise bezüglich eines Concils wirklich befürchtet
hätte, daß er und seine Partei für Häretiker erklärt werden
würden, daß dann zum mindesten der Ausdruck arguerentur von
Seiten des Auxentius als des Verfassers nicht zu verstehen ist.
Denn wenn irgend Einer, so gehörte Auxentius zu dieser Partei,
so daß, wenn er nicht argueretur (sc. Ulfila) schrieb, was wegen
des damnati nicht möglich ist, er doch jedenfalls hätte argueremur
schreiben müssen. Die Personen, welche das Subject zum arguerentur bilden, müssen nothwendig in den vorhergehenden Lücken be=
zeichnet gewesen sein; Maximin wendet freilich in seiner nachfolgen=
den Auseinandersetzung jene Ausdrücke auf die Katholiken an, daß
aber Ulfilas besorgt gewesen sei, wirkliche Nicht=Arianer möch=
ten unglücklicher als die Unglücklichen für Häretiker erklärt werden, wird doch in der That Niemand glauben, wenn Auxentius
versichert, das des Ulfilas Lehre gewesen sei: unam esse ecclesiam
— cetera vero [omnia] conventicula non esse ecclesias Dei sed
synagogas Satanae. Jedenfalls wird man so viel zugeben müssen,
daß der unzerstörte Text darüber hätte keinen Zweifel lassen kön=
nen, wenn des Ulfilas Partei wirklich das Subject zu arguerentur
gewesen wäre, daß dann aber Maximin auch nie darauf
hätte kommen können zu sagen ideo ait: propr. jud. damn., indem
er es auf die Katholiken bezieht. Entnehmen wir daher einerseits
aus der Auseinandersetzung des Maximin nur das, daß das ne —
arguerentur auf Gegner des Ulfilas sich bezog, und andererseits
aus dem ganzen Zusammenhange, soweit er erkennbar ist, daß
es sich bezüglich der Reise des Ulfilas um eine bestimmte Gegen=
partei handelt, deren Stellung es aber möglich machen mußte,
daß Ulfilas besorgt war, sie möchten dem Loose der Häretiker
verfallen, so glaube ich nicht irre zu gehen, wenn ich zunächst in
der Lücke den Namen der Gegner wieder herstellend contra

P[sat(hy)ro]p[o(l)i]stas ergänze. Sokrates [1]) erzählt, die constantinopolitanischen Arianer hätten sich unter Marinus und Dorotheus wiederum gespalten, die Partei des ersteren behauptete Gott Vater sei immer als Vater anzusehen, auch für die Zeit wo der Sohn noch nicht war. Diese Partei hieß nach einem Syrier Namens Theoctistus, der mit gebackener Waare handelte (ein $\psi\alpha\vartheta\upsilon\varrho\sigma\pi\omega\lambda\eta\varsigma$), die Psathyrianer. Offenbar ist dieser Name eine spätere Abkürzung des ursprünglichen und ganz richtig gebildeten Psathyropolistae [2]). Zu dieser Secte gehörte auch Selenas, Bischof der Gothen. Daher nannte man sie auch die Secte der Gothen, wie Sozomenus sagt, der hinzufügt, daß Selenas Nachfolger des Ulfilas und sein früherer Amanuensis gewesen sei. Später spaltete sich diese Secte von Neuem unter Marinus und Agapius. Die Gothen folgten dem letzteren. Endlich 35 Jahre nach der Spaltung brachte Pliuthas unter seinem Consulate (419) eine Wiedervereinigung der Arianer zu Wege; die eine Spaltung war also 384 entstanden. Es könnte fraglich sein, ob Sokrates bei der Zeitangabe die erste oder zweite Spaltung gemeint hat. Aber in jedem der beiden Fälle kann doch das Aufkommen der Lehre um Jahre älter sein, als die derartige Trennung, daß die eine Partei sich neue Kirchen baute, wie die beiden Historiker sie darstellen, und da uns hier die Gothen der Stadt gerade als die Hauptpersonen der Secte genannt werden, so ist doch wohl nichts erklärlicher, als daß Ulfilas, wenn er zur Zeit der Entstehung jener gothischen Secte noch lebte, sich aufmachte, um ihr zu steuern. Es steht nun da, er sei imperiali praecepto gekommen. Dabei brauchen wir aber doch nur an die Unruhen zu denken, die solche religiöse Streitigkeiten damals stets in den großen Städten hervorriefen, und nichts ist natürlicher, als daß Theodosius den ehrwürdigen Greis herberief, um durch sein Ansehen dem Streite

---

[1]) Socrat. hist. V. 23. eccl. Vrgl. Sozomenus hist. eccl. VII. 17.
[2]) Vrgl. Origenistae, Priscillianistae, Lucianistae, Bardesianistae als Namen von Secten, vor Allen aber Apollinaristae neben Apollinariani.

unter seinen Landsleuten ein Ende zu machen. Es müßte doch ein gar zu eigenthümlicher Zufall sein, daß durch jenen seltsamen Namen der Secte so einfach sich die Buchstabenreste der Handschrift sinntreffend hätte herstellen lassen [1]), wenn das Wort nicht wirklich ursprünglich dort stand.

Nun aber haben wir der Anhaltspunkte so viele, daß wir auch eine Herstellung der übrigen Lücken versuchen dürfen. Zunächst giebt uns das Citat des Maximin auf f. 286′ ingressus in civitatem constantinopolitanam an die Hand in dem von Waitz gelesenen inge . c . . . . supradictam [ci]vitatem, ebenfalls ein ingressus in [2]) herzustellen. Damit zusammenhängend vermuthe ich als das vorhergehende Wort intrabat, zu dem sich dann ingressus verhält, wie im ersten Satze eundo zu perrexit. Weiter sollte es aber nach dem zweimaligen Citate des de recogitato statu bei Maximin (f. 256′ u. 287′) scheinen, als wenn auch bei Auxentius recogitato noch unmittelbar von dem erst später folgenden de abhänge. Indeß würde dadurch der Ausdruck doch so ungewöhnlich, daß ich lieber bei dem natürlichen Gedankengange bleibe, und de von recogitato abhängen lasse, zumal auf andere

---

1) Der Raum ist genau ausgefüllt, wenn das gelesene i dem mehrfach in der Hbschft. gebrauchten langen i entspricht, welches die größte Aehnlichkeit mit dem ersten Strich des h hat (f. thuc im Facsimile bei Waitz z. S. 28. Z. 7.) Das e ist weniger deutlich; der zweite, vom ersten getrennte, Strich des h müßte mit dem ersten des y verbunden wie e erschienen sein, alsdann bleiben der zweite Theil des y und ro für die folgende Lücke von 3 Buchstaben. Bei dem niedrigen t der Hbschft. muß der obere Theil des l zerstört sein.

2) Für die Möglichkeit einer Lesung des e für verstümmeltes r spricht in Zeile 2 des Facs. das religioso, und ebenso erklärt die Form des est susceptus in der letzten Zeile, wie ein e aus verstümmeltem s werden konnte. — Wo es sich um einzelne Buchstaben bei der Herstellung handelt, bin ich im Folgenden mehrfach davon ausgegangen, daß vermöge der gewaltsamen Zerstörung der einzelnen Stellen (Siehe Waitz a. a. O. S. 4.) es sehr natürlich sein muß, daß auch die stehengebliebenen einzelnen Zeichen nur Reste bald von einen bald von zwei nebeneinanderstehenden Buchstaben sind, die jetzt als vollständig und resp. als ein Ganzes erscheinen.

Weise das de sich nirgends passend anschließt ¹). Recogitato wird
dadurch zum abl. abs., dem ein Subjectsablativ in dem Worte
entsprechen müßte, welches von Waitz als im . . (a) . gelesen ist.
Das a giebt er als ungewiß. Mit Beibehaltung dieser Buch=
staben wüßte ich allerdings nichts zu machen. Der vorausge=
setzte Gedanke führt mich auf die Herstellung eines multo. Es
darf kein den Gedanken entscheidendes Wort gewählt werden,
da sonst Maximin dasselbe nicht bei den wiederholten Citaten
hätte auslassen können, und andererseits vermag ich wenigstens
in so weit die Vermuthung zu rechtfertigen, als das in uarbarico
der Zeile 5 des Facsimiles an einer verstümmelten Stelle daran
zu denken erlaubt, daß das n und der erste Strich des u wie m
erscheinen, während eine Zerstörung der Verbindung der beiden
ersten Striche des m den Anfang um so mehr als i erscheinen
ließ, als hinterher schon ein m gelesen ward. Desgleichen liegt
in der Handschrift das unsichere a dem gebrauchten niedrigen t
nicht fern ²), wenn von dem vermutheten nachfolgenden o ein
Rest geblieben ist, und der obere Strich des t verschwand. Der
Gedanke des bis hierher Hergestellten würde demnach sein: „und
angelangt in der genannten Stadt, nachdem er viel über den
Stand des Concils nachgedacht hatte, damit sie nicht als unglück=
liche auf ewig zu verdammende Häretiker dargethan würden, fing
er sogleich an zu erkranken."

Was aber den ersten Satz anbetrifft, so möchte ich für per-
rexit et eundo | in . . . . nn . . | ne . p . . . ecias si | bi
ax . . . . . to | docerent et contes | tarent[ur | intr]abat als
Herstellung vorschlagen: perrexit et eundo in d̅n̅i̅ d̅i̅ n̅ nomine,
ne x̅p̅i̅ eclesias sibi a x̅p̅o̅ deditas docerent et contestarentur,

---

¹) Dasselbe ist in den Citaten Marimins der Fall. Sollte er derecogi-
tato als ein Wort geschrieben haben, ähnlich gebildet wie das in der Handschrift
mehrfach gebrauchte derelinquit?
²) Man vergleiche das ta im Constantio des Facs. Z. 7 und das a in
ab der 1. Zeile.

intrabat. Für docerent et contestarentur kann schon an und für sich nur dasselbe Subject ergänzt werden, wie für arguerentur, und ist es schwer einzusehen, wie der Conjunctiv anders als durch eine Conjunction, und zwar hier durch eine negirende, hätte bedingt sein sollen. Nach dem nn bemerkt Waitz folgte vielleicht omi. Die Zeile erscheint sehr kurz, darf deshalb noch ein ne hinzugefügt werden, oder fiel es aus Versehen mit dem folgenden ne zusammen? Ist aber in — nomine richtig, so kann dazwischen schwerlich etwas anders als $\overline{dni}$ $\overline{di}$ $\overline{n}$ ergänzt werden, wenn auch das erste der beiden gelesenen n nicht ganz sicher ist. Die angenommenen Abkürzungen sind sämmtlich mehrfach auch sonst in der Handschrift gebraucht. Das z zu . . . to | ergänzte deditas ist wohl am freisten emendirt. Aeußerlich mochte o immer der Anfang von a sein, die Zeile ist ferner von allen die kürzeste, so daß die Anfügung des s doch nicht willkürlich ist, und da die Herstellung sibi a $\overline{x[po]}$ schwerlich bezweifelt werden kann, so muß immer noch daneben ein part. pas. vorausgesetzt werden, das sich jedenfalls dann am bequemsten an [ecl]esias anschließt. Im letzteren Worte erlaube ich mir aber s für gelesenes c zu setzen; da durch Verlust des oberen Theiles seines Grundstrichs ein s daselbst wie c erscheinen muß. Andrerseits vergleiche ich für den Gedanken das auf f. 286 sich findende populo sibi credito, und auf f. 285: iste sanctus ipsius Cristi dispositione et ordinatione—gentem emendavit etc.

Ulfilas also reist auf Befehl des Kaisers zur Disputation gegen die Psathyropoliften, und im Namen Gottes sich auf den Weg machend, damit sie nicht die ihm von Christo anvertrauten Kirchen [in ihrer Lehre] unterrichteten [1]), trat er ein, aber angelangt erkrankte er, als ihn gerade der Gedanke beschäftigte, wie

---

[1]) contestari ist neben adserere dem docere ähnlich gebraucht auf f. 284' oben. S. Waitz S. 14.; daß ecclesiae für die Versammlungen selbst gesetzt ist, ist nicht auffallend.

er seine unglücklichen Landsleute [oder Glaubensgenossen] vor ihrer Abirrung bewahrte.

So war denn die Aufgabe des Ulfilas doppelter Art, einerseits die Kirchen die ihm anvertraut waren rein zu halten, andererseits aber durch seine Unterredung in der Disputation die schon Abtrünnigen, wenn es ging, noch zu retten. Zwei Gedanken, die sich sehr gut mit einander vertragen.

Das Bedenken, welches immerhin erregt wird, wenn man sich auf die Herstellung eines verstümmelten Textes stützt, zumal dabei selbst ein maaßgebender Name nur auf solcher Herstellung beruht, wird doch hoffentlich dadurch noch etwas geschwächt, daß die Gedanken der beiden bedeutungsvollen Sätze nicht bloß ganz in die Umstände der damaligen Zeit und zu der Stellung des Ulfilas passen, und zur letzteren auch in so weit, als sich erklärt, wie Ulfilas, der 40 Jahre lang Lehrer der Gothen war, jetzt im Moment seines Todes noch veranlaßt war, den [in der Lehre wankenden] Landsleuten (populo sibi credito) ein letztes Glaubensbekenntniß [1]) zu hinterlassen, mit der Versicherung, daß er stets

---

[1]) Wenn daran zu zweifeln erlaubt ist, daß die katholischen Kirchenhistoriker die Lehre der Psathyropolisten richtig angegeben haben — sollte wohl wirklich ein so bedeutendes Schisma unter den Arianern über die Frage entstanden sein, ob Gott Vater auch vor der Existenz des Sohnes Vater genannt werden müsse? — und wir oben die Veranlassung des ulfilaschen Bekenntnisses richtig verstanden haben, so hat es große Wahrscheinlichkeit, daß der streitige Lehrpunkt in den besonders hervortretenden Worten des Ulfilas liegt: ideo unus est omnium Deus, qui et Dei nostri est Deus, welche Aurentius erläutert: hunc (Jesum) secundum Deum et auctorem omnium a patre et post patrem et propter patrem et ad gloriam patris esse nunquam celavit, sed et magnum Deum et magnum dominum et magnum regem et magnum mysterium — semper manifestavit, und hernach noch deutlicher: et patrem quidem creatorem esse creatoris, filium vero creatorem esse totius creationis, et patrem esse Deum Domini, filium autem Deum esse universae creaturae. Sowohl im Bekenntniß des Ulfilas als bei Aurentius wird nur Christus Dominus et Deus noster genannt, so daß Deus noster gleichbedeutend ist mit Deus universae creaturae.

so geglaubt habe, sondern daß wir nun auch ungestört an den Angaben festhalten können, daß Ulfilas auf kaiserlichen Befehl zur Disputation kam, und daß sei's diesmal oder ein ander Mal den ihn auf der Reise begleitenden Bischöfen ein Concil erst versprochen ward.

Darin liegt jedenfalls nach keiner Seite hin eine Schwierigkeit, daß auch die Zusammenkunft mit den Psathyropolisten ein Concil genannt wird. Es war eine speciell arianische Angelegenheit zu verhandeln, und solch eine partielle Synode konnte da nicht in Frage kommen, wo es sich um die den Bischöfen versprochene, durch die größten Anstrengungen der Katholiken aber verhinderte, also der Absicht nach allgemeine Synode handelt.

Dadurch aber, daß wir die zweimalige Erwähnung eines Concils nicht auf dasselbe Concil beziehen, verlieren wir das Recht in der obigen Bestimmung, nach welcher das eine Concil im Jahre 381 versprochen wurde, unmittelbar eine Entscheidung der Frage nach dem Todesjahre des Ulfilas zu sehen, da letzterer starb, als er zu dem der Zeit nach von uns noch nicht bestimmten Concile reiste. Dennoch bin ich der Ansicht, daß es sich in den betrachteten Nachrichten nur um eine einzige Reise des Ulfilas handelt, daß die Bischöfe Auxentius und die übrigen, indem sie Ulfilas zur Disputation begleiteten, ihre damalige Anwesenheit in Constantinopel benutzten, um den Kaiser zu einem allgemeinen Concile zu bestimmen. Zunächst wenigstens widersprechen die ein=

Ist aber der wirkliche Streitpunkt von den Katholiken ins Lächerliche gezogen, so kann man doch aus ihrem Bericht entnehmen, daß er die Auffassung von Gott Vater betraf. — Uebrigens ist das Dei nostri im Bekenntniß des Ulfilas eine Emendation, die mir Prof. Waitz für das von ihm gelesene und als unverständlich bezeichnete de nostris vorschlug, und die stilistisch (weil der Gedanke des ideo wegen in dem Vorhergehenden begründet sein muß) wie inhaltlich (wegen der angeführten Interpretation des Aurentius, mit der Isidor im Chron. Goth. ap. Grot. p. 711 zu vergleichen ist) wohl allein gerechtfertigt werden kann.

zelnen Nachrichten uns nicht. Die Zeitbestimmung, welche im Kampfe gegen die Psathyropoliften liegt, erlaubt es die Reise in die letzten Jahre vor 384 zu setzen, und wenn Maximin bemerkt: unde et cum sancto Ulfila ceterisque Consortibus ad alium [1]) comitatum Constantinopolim venissent, ibique etiam et imperatores adissent, so sollte man genau genommen schon aus dem etiam et schließen, daß der ursprüngliche Zweck der Reise ein anderer als die kaiserliche Audienz war. Außerdem aber war Ulfilas 381 von Auxentius und mehreren andern Bischöfen begleitet; daß aber viele arianische Bischöfe bei seinem Tode in Constantinopel zugegen waren, sagt Auxentius ausdrücklich, wie denn auch aus der ganzen Haltung der Schrift des letztern hervorgeht, daß er selbst sich unter denselben befand.

Das entscheidende Moment aber suche ich darin, daß nach dem Gesetze vom 10. Jan. 381 die Arianer auch staatlich im Orient als Häretiker galten, und der Kaiser von jener Zeit an nicht mehr ein Concil dieser Häretiker berufen konnte, welches eine besondere von ihnen sich trennende Secte auch noch für besondere Häretiker erklären sollte. Wir können nun auch nicht mehr das Concil von 383 hier zum Vergleiche herzuziehen; denn wenn wir es oben benutzten, um darzuthun, daß nach demselben — speciell um 388 — die Arianer überhaupt nicht mehr auf kaiserlichen Befehl zum Concil beordert werden konnten, so müssen wir jetzt vor Allem das in Betracht ziehen, daß man im Jahre 383 auch keineswegs mehr von einer Anerkennung der Arianer ausging, sondern den letzteren ebenso wie allen übrigen Secten nur eine letzte Gelegenheit geben wollte sich wieder mit der Kirche zu vereinigen.

Vergleichen wir alsdann neben diesen Verhältnissen die schon oben betrachtete Erzählung des Sozomenus von den kirchlichen

---

[1]) Im Gegensatz zum weströmischen Hofe, von dem das aquilejer Concil ausging. Daß Palladius kurz vor dem letztern bei Gratian in Sirmium Audienz hatte, folgt aus den Acten des aquilejer Concils.

Kämpfen im Anfange des Jahres 381 zu Constantinopel, die jener Historiker, unwahrscheinlich genug, sich lediglich um die Person des Eunomius drehen läßt, so sollte ich denken, steht uns das Bild jener Tage lebendig genug vor Augen. Während Eunomius auf der einen Seite wirkte und nach Sozomenus gerade damals Arianer herbeizog, Ulfilas mit den ihn begleitenden Bischöfen zum Kampfe gegen die neue arianische Secte nach Constantinopel kam, Hofleute selbst den Kaiser zu Gunsten der Arianer gestimmt hatten, da war noch einmal eine günstige Gelegenheit dem Glauben, den man eben zu unterdrücken im Begriff war, wieder Geltung zu verschaffen. Den Begleitern des Ulfilas gelang es bis zum Kaiser zu bringen, und gütige Versprechung zu erhalten, mögen wir dem Sozomenus glauben, daß Eunomius nicht so glücklich war, und daß die rechtzeitigen Anstrengungen der Katholiken, wie sie Sozomenus und Auxentius zugleich bezeugen, die frische Hoffnung der arianischen Partei von Neuem vernichteten.

Halten wir uns also daran, daß zur Zeit, als Ulfilas starb, eine solche Menge christlicher, will sagen arianischer, Bischöfe zu Constantinopel war, daß Auxentius diese Stadt fast lieber Christianopolis nennen will, daß dies schon an und für sich nicht wohl mehr nach dem Erlaß des Gesetzes vom 10. Jan. 381 sich ereignen konnte, und daß wir in den Historikern nur für die Zeit kurz vor jenem Erlaße eine Angabe finden, nach der in den Jahren, die überhaupt in Betracht kommen können, eine solche Versammlung stattfand — da das Concil von 383 dabei nicht in Frage kommen kann — so müssen wir auch bei der von keinem Widerspruch gestörten Ansicht bleiben, daß unsere bisherigen Quellen nur von einer einzigen Reise des Ulfilas gegen Anfang des Jahres 381 sprechen, und das Ulfilas auf dieser gestorben ist.

Unter der Voraussetzung dieses Zusammenhanges ist es denn auch nicht schwer die Bedeutung der Schrift des Auxentius zu verstehen. Ulfilas erkrankte unmittelbar nach seiner Ankunft in der Stadt (ingressus statim infirmari coepit); an der Audienz vor dem Kaiser kann er nicht Theil genommen haben, und die

Worte des Maximin verlangen nichts weiteres, als daß die betreffenden Bischöfe die Begleiter des Ulfilas auf seiner Reise waren. Wenn nun kurz nach dem Tode des letzteren Auxentius und seine Genossen sich zum Kaiser begaben, und dort über geistliche Angelegenheiten der Parteien verhandelten, so liegt es ganz in der Natur der Sache und jener Zeit [1]), daß sie dem Kaiser eine Auseinandersetzung ihrer Glaubensrichtung vorlegten; und meine ich, daß die uns erhaltene Schrift des Auxentius diesen Zweck gerade gehabt hat.

Hierfür vergleiche man zuerst, daß die Schrift in der That unmittelbar nach dem Tode des Ulfilas geschrieben ist, und zwar zu Constantinopel und für solche, die zu Constantinopel sich aufhielten. Ersteres folgt aus der lebhaften Darstellung von Ulfilas Tode und letzten Ehren, die andern Punkte gleichfalls aus dem Satze: qui ad hoc duce Domino obit Constantinopolim imo vero Cristianopolim ut sanctus et immaculatus sacerdos Cristi a sanctis et consacerdotibus, a dignis dignus digne per tantam multitudinem cristianorum pro meritis suis mire et gloriose honoraretur. Jene Verherrlichung der Stadt, und die unmittelbare Voraussetzung, daß die Angeredeten mit dem augenblicklichen Zustand der Stadt bekannt sind — denn unter den genannten Christen sind nach der eigenen Lehre des Auxentius lediglich Arianer zu verstehen — besonders die unmittelbare Hinweisung auf die Zahl dieser Anwesenden im tantam multitudinem haben nur dann einen deutlich verständlichen Bezug, wenn die Schrift nicht für Auswärtige geschrieben war. Das Gleiche ließe sich von der Bemerkung über die Psathyropolisten sagen; aber vor Allem steht wohl zu beachten, daß wenn die Schrift zu Constantinopel ge-

---

[1]) Wie entscheidend das Urtheil des Kaisers über die Anerkennung der speciellen Bekenntnisse der Parteien war, darüber vergleiche man den Gang des Concils von 383, welches damit schloß, daß Theodosius sich die Bekenntnisse aller Parteien einreichen ließ, und selbstständig das Endurtheil abgab. (Socrates H. E. l. c. Sozom. H. E. l. c.)

schrieben und darnach vom Verfasser irgend wo vorgelesen ist (ab Auxentio recitatum est), daß das sich am besten erklärt, wenn auch letzteres zu Constantinopel geschah in Folge des Zwecks, zu dem sie geschrieben war.

Die Person des Kaisers tritt freilich nicht weiter als die angeredete hervor. Hierfür vergleiche ich das unter ähnlichen Umständen speciell für eine Conferenz vor dem Kaiser verfaßte Bekenntniß des Eunomius [1]), in der es gleichfalls in nicht direkter Wendung heißt καὶ τῶν βασιλικῶν προσταγμάτων ταύτην ἐπιζητούντων τὴν ὁμολογίαν. Dagegen suche ich einen officiellen Klang in den Worten a beatae memoriae Constantio (f. 235.)

Der Zweck der Schrift ist offenbar nicht, lediglich das Gedächtniß des Verstorbenen zu feiern; denn die Auseinandersetzung seiner Lehre, mit der die Schrift ohne historische Einleitung sogleich beginnt, ist so sehr die Hauptsache, daß die hernach gegebenen Notizen über das Leben des Ulfilas erst durch eine Entschuldigung eingeführt werden: quem condigne laudare non sufficio et penitus tacere non audeo. Andererseits ist zu beachten, daß „des wichtigsten Werkes, das Ulfilas hinterließ, die Bibelübersetzung nicht mit ausdrücklichen Worten erwähnt, Ulfilas selbst mehr als Mitglied der Kirche, als Einwohner des römischen Reiches, denn als Apostel eines fremden Volkes betrachtet, seine dogmatischen Ansichten mehr als seine Arbeiten für die Bekehrung und Unterweisung der Gothen behandelt werden" [2]). Das Ganze ist aber so angeordnet, daß das specielle Bekenntniß des Ulfilas ganz am Schluß steht; eine weitläufigere Auseinandersetzung desselben, von Aurentius verfaßt, den Anfang und die Nachrichten vom äußeren Leben des Ulfilas den Uebergang bilden, indem man in der dabei angebrachten Verherrlichung des Verstorbenen erkennt, daß letzterer als besonders von Gott geleitet

---

1) Im Vales. Not. ad Socrat. et Sozom. hist. eccl. in edit. Par. 1686 p. 48.
2) Waitz a. a. O. S. 53 f.

und geschützt, und sein Leben als prädestinirt durch Beispiele der heilg. Schrift erscheinen soll, um die Wahrheit dessen, was jener lehrte, zu bekräftigen ¹).

Wird aber Ulfilas unmittelbar nach seinem Tode vom Auxentius so als der Vertreter seiner (des Auxentius) eigenen Confession geschildert, mit der Absicht diese Confession selbst in ihren Hauptzügen vorzulegen, und mußten wir andererseits voraussetzen, daß Auxentius unmittelbar nach des Ulfilas Tode in einer Audienz vor dem Kaiser war, um ihn durch die Darlegung seiner Confession zur Berufung eines Concils zu bewegen, so stimmen sowohl die Umstände des Verfassers als der Zweck und die Abfassungszeit seiner Schrift völlig zusammen, wenn wir annehmen, daß letztere für die Audienz vor dem Kaiser bestimmt war.

Der Ansicht wenigstens, die an und für sich nicht unmöglich wäre, daß das Bekenntniß auf dem speciell arianischem Concile, das zur Disputation gegen die Psathyropoliften berufen war, verlesen sei, widerspricht die Haltung der ganzen Schrift zu sehr. Selbst auf den Fall, daß unsere oben ²) ausgesprochene Ansicht über die Lehre jener Secte richtig wäre, und darnach Auxentius die ihr entgegengesetzte Ansicht des Ulfilas entschieden genug interpretirte, enthält seine ganze Schrift doch so wenig eine Spur der Polemik gegen irgend welche Arianer, und überhaupt so wenig Spuren einer andern Veranlassung, als einer solchen, welche nur eine allgemeine Auseinandersetzung der Grundzüge der arianischen Lehre verlangte, daß es nicht wohl möglich ist in ihr eine Schrift aus dem Kampfe gegen die Psathyropoliften, welche neben den vielen daselbst als zu verdammende aufgeführten, aber nicht-arianischen Secten nicht mit genannt werden, zu erkennen.

Aber es ist nicht allein das Verständniß der Schrift des

---

¹) Recht äußerlich ist der Vergleich mit dem Propheten Elisa cf. Lib. Reg. II. 13, 14: Helisaeus autem aegrotabat infirmitate (sua), qua et mortuus est. Transl. B. Hieron. ed. bibl. reg. II, 666.

²) S. S. 42. Anm.

Auxentius selbst, die durch unsere Auffassung von ihrem ursprünglichen Zweck ermöglicht wird, auch die Bemerkungen, mit denen Maximin sie einführt, und mit denen er nach dem Schluß derselben fortfährt, finden dadurch ihre Erklärung. An letzterer Stelle f. 286 f. lautet das Lesbare: emulatio . . . . dei servorum sanctorum episcoporum nostrorum [1]), ut non solum in partibus occidentalibus de Illirico advenirent, putantes concilium d[ar]i, [ut] gesta ab ipsis ereticis confecta [indi]cant . . . . etiam quae confessio [2]) ab ipsis processit, quod deberent (Lücke von mehr als einer Zeile) recitatae, etiam ad orientem perrexerunt idem postulantes. Ut autem recitatum est ab Auxentio episcopo de recogitato statu etc. — An der erstern, nach einer kurzen Rechtfertigung einiger Punkte aus dem Bekenntniß des Palladius f. 282: Hoc secundum divinum magisterium Arii [cristia]na professio, hoc et Teognis episcopus, hoc et Eusebius storiogaphus et ceteri complurimi episcopi,

---

[1]) Palladii et Secundiani. Allgemein gefaßt würde man unter "unsern Bischöfen" vielleicht die der arianischen Partei überhaupt verstehen können, von denen ein Theil nach Aquileja, ein anderer nach Constantinopel sich begeben hätte, aber die Bemerkung de Illyrico beschränkt den Begriff, und vom Eifer anderer illyrischer Arianer hören wir nicht, am wenigsten zur Zeit des aquilejer Concils. Palladius dagegen saß in der Nähe von Sirmium; des Secundianus Sitz kennen wir nicht, aber zum Orient gehört er nicht, weil kein Orientale auf dem aquilejer Concil war. Zudem muß man vergleichen, daß es auf f. 286' in den Bemerkungen des Marimin bezüglich des Betragens der katholischen Bischöfe zu Aquileja heißt (in der Fortsetzung des von Waitz a. a. O. S. 21 f. citirten): hi sine aliqua cunctatione proruperunt in monarchia omnitenentis patris deinde quantum ad causa (?) debuerunt execrari secundum probatam impietatem dat religio si parentes epikopi (sic) nostri revocare eos des (sic) idem antea ut corvi (?) personant; verum hi cum humilitate agebant. So unverständlich hier die Copie auch ist, unter dem nostri episcopi können doch nur die anwesenden Palladius und Secundianus verstanden werden.

[2]) Waitz (S. 17.) hat concessio gelesen, fragt aber in der Note, ob nicht confessio? Letzteres ist doch das bei Weitem Wahrscheinlichere.

quorum professiones et nomina in sequentibus dicenda sunt. Nam et ad orientem perrexisse memoratos episcopos cum Ulfila ad comitatum Theodosii imperatoris epistula declarat — —. Da Maximin hier für die Reise einen Brief als seine Quelle angiebt, wie in der oben betrachteten Stelle den Auxentius und auf f. 286' sagt ut recitatum est ab Auxentio, so ist das doch keineswegs nothwendiger Weise auf einen Brief des Auxentius zu beziehen, der vorgelesen ist, sondern auf einen solchen, in dem er das von ihm Vorgelesene aufnahm. Weist doch in der ganzen uns vorliegenden Schrift über Ulfilas Nichts in irgend einer Weise auf die Form oder Art eines Briefes hin, während andrerseits kaum daran gezweifelt werden kann, daß die Bekenntnißschrift uns — bis, wie sich von selbst versteht, auf die Lücken der Handschrift — als ein Ganzes vorliegt, so daß denn daran nicht zu denken ist, daß die Erzählung von der Reise des Auxentius selbst und ihrem Erfolge noch damit im ursprünglichen Zusammenhange gestanden hätte. Erst im Briefe kann sie als Erklärung sich daran geschlossen haben. Es wird das ein Brief gewesen sein, worin Auxentius eben von seiner Thätigkeit Rechenschaft gab, wie ähnliche auch sonst von den Kirchenhistorikern erwähnt werden[1]). Daher kann ich auch Waitz nicht beistimmen, wenn er f. 286 den Text herstellt [ut litterae testantur] recitatae. Vielmehr weil vor jenem recitatae von der confessio des Palladius und Secundianus die Rede ist, und hinterher das recitatum von uns auf die confessio des Auxentius und Ulfilas bezogen werden mußte, so ergänze ich [cum episcopis, quorum confessiones sunt] recitatae, etiam ad orientem perrexerunt; denn so allein paßt es in den Gedanken von f. 282: quorum professiones et nomina in sequentibus dicenda sunt; nam et ad orientem perrexisse memoratos episcopos (Palladium et Secundianum, die allein in dem weiter Vorhergehenden Genannten). Das nam er-

---

1) Vrgl Socrates. h. e. l. V. c. 10.

klärt den Zusammenhang, und setzt voraus, daß die Confessionen der Bischöfe, welche im Folgenden gegeben werden sollen, auf jener Reise verfaßt waren. Da aber in der Handschrift des Maximin nur die confessio des Auxentius und Ulfilas wirklich folgt, und erst nach einer Lücke von 48 Seiten diejenige des Palladius und Secundianus, welche sie nach dem Concil von Aquileja unter besonderen Umständen schrieben[1]), so wird jene Lücke wohl in der Absicht gelassen sein, um die anderen zu Constantinopel vorgelesenen Bekenntnisse darin aufzunehmen.

Zu der betreffenden Audienz waren aber neben Auxentius auch andere Arianer zugelassen. Nach der Darstellung des Maximin (f. 327) werden es unter andern auch noch Demophilus und Palladius gewesen sein, und es liegt nichts Auffälliges darin, daß sie sämmtlich durch Verlesung ihrer Bekenntnisse sich vor dem Kaiser als wahre Christen darzuthun bemüht waren. Vielmehr erklärt sich dadurch die von Auxentius in seiner Schrift gebrauchte persönliche Wendung: cui plus omnium ego sum debitor, quantum et amplius in me laboravit, qui me a prima aetate mea a parentibus meis discipulum suscepit et sacras literas docuit et veritatem manifestavit et per miseracordiam Dei et gratiam Cristi et carnaliter et spiritualiter ut filium suum in fide educa-

---

1) Ich kann auch Waitz (a. a. O. S. 43. Anm. 4.) darin nicht beistimmen, daß er das oben aus f. 286 Citirte so versteht: „So groß war der Eifer unserer heiligen Bischöfe, daß sie nicht allein von Illyrien nach Aquileja kamen, wie die von den Häretikern verfaßten Acten (dieses Concils) enthielten, sondern sie gingen auch, wie es der Bericht des Auxentius erzählt, nach dem Orient zum Kaiser und forderten dort wie hier eine vollständige Versammlung". So gefaßt müßte ein dem advenirent entsprechendes pergerent statt perrexerunt dastehen. Auch würde das zu ergänzende sed viel zu weit vom dazugehörigen etiam getrennt. Daher sieht man den Gegensatz wohl richtiger schon bei den Worten: etiam quae confessio ab ipsis processit, da die Lücke vor etiam erlaubt ein unmittelbar vorhergegangenes sed zu ergänzen. Alsdann ist aber diese confessio als die von Palladius und Secundianus in Folge des aquilejer Concils verfaßte zu verstehen. S. oben S. 13.

vit; wodurch er doch das Bekenntniß des Ulfilas als sein ganz persönliches sich aneignet, so daß es sein Zweck gewesen zu sein scheint, seinem eigenen Glauben eine größere Bedeutung zu verschaffen, indem er die Lehre und persönliche Bedeutung seines verstorbenen Meisters gleichmäßig zur Geltung bringt. Sollte auch die damalige politische Bedeutung der Gothen im Reiche dabei mitgewirkt haben? Es mochte dem Theodosius immerhin Bedenken erregen, die eben erst beruhigten Fremdlinge officiell für Häretiker zu erklären.

Somit halte ich denn daran fest, daß das Gesetz vom 10. Jan. 381 kurz nach dem Tode des Ulfilas gegeben, und Ulfilas selbst gegen Anfang dieses Jahres gestorben ist, möglicher Weise schon in den letzten Tagen des Jahres 380, wenige Wochen, vielleicht nur wenige Tage vor der Ankunft des einst schlimmsten Feindes des Christenthums unter den Gothen, des Athanarich, den dann dasselbe Geschick traf, gleich nach seiner Ankunft im Monat Januar des Jahres 381 zu Constantinopel zu erkranken und wenige Tage darauf zu sterben.

Dieser Umstand aber gerade führt darauf, hier die Erklärung für das Betragen des Kaisers zu suchen. Wenn wir schon oben vermutheten, daß der politische Hintergrund den Auxentius bewog, gerade den Bischof der Gothen zum Vertreter seiner Confession zu machen, so mag eben die politische Rücksicht auf dieses Volk den Kaiser zum Versprechen des Concils bewogen haben. Als ihn aber unmittelbar darauf durch sein Bündniß mit Athanarich und die glänzende Aufnahme des letztern — er ging ihm sogar bis vor das Thor entgegen — ein anderes Mittel gegeben war die Freundschaft der Gothen sich zu erhalten, ließ er seine kirchlich-politische Rücksicht auf eine einheitliche Confession des Reichs wieder in den Vordergrund treten und nahm sein Versprechen zurück. Daß er durch sein Betragen gegen Athanarich seinen Zweck erreicht hat, ist uns bezeugt. —

Um nun zum Schluß noch einmal auf Maximin zurückzukommen, so können wir bezüglich der Quellen, die er bei seiner

Randschrift benutzte, uns jetzt mit großer Bestimmtheit dahin aussprechen, daß sie außer dem Inhalt des Bandes, dessen Rand er zur Schrift benutzte, und außer dem Codex Theodosianus wie des Cypriani advers. Demetrianum nur noch aus den beiden Briefen des Auxentius und Palladius bestanden. Eine Anspielung am Schluß der Palladischen Schrift auf das Betragen der constantinopolitanischen Bischöfe gegen die arianische Partei veranlaßte ihn, die betreffende Angabe über dasselbe Ereigniß aus des Auxentius Briefe dort anzufügen, und da wir die obige Schrift des Palladius, in der jene Anspielung gemacht wird, kurz nach der Zeit des aquilejer Concils (381) setzen mußten, so bestätigt das unsere Deduction über die Reise und den Tod des Ulfilas, nach welcher beides spätestens 331 stattgefunden haben kann.

Das Unglück aber hat wohl gewollt, daß Maximin, um einen kräftigern Schluß des Ganzen zu haben, da er durch sein Anhängsel den schönen Schluß des Palladius verdorben hatte, nach bestätigenden Citaten im Cod. Theod. suchte, in denen seiner Meinung nach der schließliche Erfolg von den Anstrengungen der Gegenpartei seinen Ausdruck fand.

Die sich aus vorstehender Untersuchung ergebenden Zeitbestimmungen sind, daß Ulfilas, der in seinem 70sten Jahre starb, gegen Anfang des Jahres 311 geboren ist, und daß er, da er 40 Jahre lang Bischof war, 7 im Gothenlande, 33 auf römischem Boden, um 341 zum Bischof ordinirt ward und um 348 unter Constantius ins Römische übergesiedelt ist. — Katholische Gewährsmänner erzählen, daß Ulfilas auch die um 376 ins Römische einwandernden Gothen zum Arianismus bekehrt habe, indem sie dabei freilich in sehr ungerechter Weise die Motive desselben verdächtigen. Den Werth ihrer Nachrichten richtig zu verstehen, ist es daher nothwendig zunächst einen Blick auf die Christianisirung jener westgothischen Einwanderer zu werfen, wie wir sie glücklicher Weise aus noch näher stehenden, den Ulfilas aber in diesem Zusammenhange nicht erwähnenden Quellen einigermaaßen kennen lernen können. Besonders ist uns da das Zeugniß des Orosius von Wichtigkeit. Er sagt unmittelbar nach der Erzählung vom Tode des Valens in der Schlacht bei Adrianopel [1]): Gothi antea per legatos supplices poposcerunt, ut illis episcopi, a quibus regulam Christianae fidei discerent, mitterentur. Valens imperator exitiabili pravitate doctores Ariani dogmatis misit. Gothi primae fidei rudimentum, quod accepere, tenuerunt. Itaque justo Dei judicio ipsi eum vivum incenderunt, qui propter eum etiam mortui vitio erroris arsuri sunt.

Es ist hiermit die Angabe des Jordanes zu vergleichen. Er sagt nach der Erzählung von der Unterwerfung der Ostgothen durch die Hunnen [2]): Vesegothae — quidnam de se propter gentem Hunnorum deliberarent, ambigebant; — tandem legatos in Romaniam direxere ad Valentem imperatorem, ut, partem Thraciae sive Moesiae si illis traderet ad colendum, ejus legibus viverent ejusque imperiis subderentur, et ut fides uberior illis haberetur, promittunt se, si doctores linguae suae donaverit, fieri Christianos. Quo Valens comperto mox gratulabundus annuit, quod ultro petere voluisset: susceptosque in Moesiae partibus Getas quasi murum regni sui contra ceteras gentes statuit; et quia tunc Valens imperator Arianorum perfidia saucius, nostrarum partium omnes ecclesias obturasset, suae partis fautores ad illos dirigit praedicatores; qui venientibus rudibus et ignaris illico perfidiae suae virus defundunt. Sic quoque Vesegothae a Valente imperatore Ariani potius quam Christiani effecti. Ferner aber bei der Er-

---

1) Histor. adv. pag. 1 VII. c. 33.
2) De reb. Get. c. 25.

zählung vom Tode des Valens ¹) — crematus est; haud secus quam Dei prorsus judicio, ut ab ipsis igne combureretur, quos ipse veram fidem petentes in perfidiam declinasset et ignem caritatis ad gehennae ignem detorsisset.

Einerseits läßt dieser Vergleich der Nachrichten die Verwandtschaft derselben nicht verkennen, andererseits kann aber doch nicht aus ihm gefolgert werden, daß Jordanes an vorliegender Stelle den Orosius benutzt habe. Vor Allem fehlt im letztern die nähere Zeitbestimmung und Motivirung der Bitte, obgleich man aus dem zu poposcerunt hinzugefügten supplices leicht erkennt, daß er ähnliche Umstände sich dabei obwaltend gedacht hat. Ferner wo wir die Benutzung einer bestimmten Quelle, falls er von ihr nicht bloß einen abkürzenden Auszug zu machen hatte, bei Jordanes controliren können, sehen wir ihn, zum großen Theil wenigstens, bei dem Wortlaut seiner Quelle bleiben, wie in den Partien, die er dem Chronicon des Marcellinus Comes entnahm; aber in der vorliegenden Stelle ist selbst die Bemerkung über die gerechte Strafe des Valens, welche in ihrer Tendenz am Auffallendsten mit Orosius übereinstimmt, im Ausdrucke sehr abweichend von demselben. Vergleichen wir nun noch die Worte Isidors ²), wenn dieser gleichfalls bei dem Tode des Valens bemerkt: Et merito ut ipse ab eis vivens temporali cremaretur incendio, qui tam pulcras animas ignibus [aeternis] tradiderat, so haben wir hier offenbar den ursprünglichern Gedankengang der den drei Autoren gemeinsamen Quellen vor uns, aus der Orosius besonders den Gegensatz des vivus und mortui hervorhob, Jordanes aber die ignes aeterni oder gehennae für seine Darstellung verwandte. Die Annahme aber, daß Orosius und Jordanes bezüglich der Geschichte der Westgothen in den ersten Zeiten ihrer Einwanderung ins Römische nur eine gemeinsame Quelle benutzten, stößt dadurch auf Schwierigkeiten, daß Jordanes den Orosius selbst an vier

---

¹) ibid. c. 26.
²) Chron. Goth. era. 416 ed. Hug. Grot. p. 712.

verschiedenen Stellen in der That benutzt hat. Gleich der erste Satz seines Werkes ist so gut wie wörtlich dem Orosius entnommen. Hernach (c. 5) beruft er sich auch auf die Erzählung im 1. Buche des Orosius von den Amazonen; ferner (c. 9) darauf, daß Orosius Gothen und Geten für dasselbe Volk hält und endlich (c. 23) für die Worte Hunnorum gens — exarsit in Gothos.

Indem aber Jordanes bis auf wenige Punkte, die nur von speciellem Interesse für gothische Geschichte sind, Nichts erzählt aus den Zeiten von der gothischen Einwanderung bis zum Frieden der Römer mit Vallia, was nicht auch Orosius wenigstens andeutet, stets aber abweichend im Ausdruck und oft mit individuellen vom Orosius nicht überlieferten Zügen und immer zusammenhängend, wo Orosius stückweise oder gar außer der Ordnung erzählt, wie oben bezüglich der Arianisirung der Gothen, so bleibt doch nichts anders übrig, als daß Orosius hier nicht für eine Urquelle zu halten ist, daß er vielmehr mit Jordanes eine solche gemeinsam benutzte [1]), welche unmittelbar nach dem Frieden mit Vallia im Jahre 416 geschrieben ist, während er selbst erst 417 sein Werk verfaßte und daher für das letzte Jahr nichts Eingehenders mehr erzählt [2]), sondern nur anknüpfend an die Versprechungen der den Frieden schließenden Gothen bemerkt: Quis haec crederet, nisi res doceret? Itaque nunc quotidie apud Hispanias geri bella gentium et agi strages ex alterutro barbarorum crebris certisque nuntiis discimus, praecipue Valliam Gothorum regem insistere patrandae paci ferunt.

---

1) Man vergleiche nur einmal die Darstellung des Zosimus, so weit sie reicht, mit der des Orosius und Jordanes, um zu sehen, daß es kein Zufall sein kann, wenn letztere so viele wichtige Ereignisse gleichmäßig überschlagen, und in der Erzählung gleichmäßige Fehler begehen, daß Jordanes aber auch nicht zwei Quellen benutzt haben kann, von denen die eine Orosius war, und die andere der Art, daß Jordanes aus ihr nur im Stande war das eingehender zu schildern, was Orosius andeutet.

2) Oros. hist. adv. pag. l. VII. c. 43.

Dies mag uns an dieser Stelle genügen, eine noch nähere Erörterung der Frage werde ich anderswo geben, indem es mir hier nur darauf ankommt, daß die Erzählung des Jordanes von der Arianisirung der Gothen, besonders aber die in ihr enthaltene Zeitbestimmung, zu der das supplices der orosischen Erzählung paßt, aus einer Quelle stammt, welche älter ist, als die oben erwähnten drei Kirchenhistoriker.

Die innere Wahrscheinlichkeit der Erzählung ist freilich nicht groß, vor Allem da es vom Jordanes so besonders betont wird, daß die Bedingung Christen zu werden gerade damals von den Gothen aus freien Stücken vorgeschlagen sei. Spätere[1]) haben daher auch das Verhältniß umgekehrt, und lassen die Bedingung von Valens ausgehen, wodurch sie für jenen Zeitpunkt als politisches Motiv jedenfalls verständlicher wird. Andrerseits stimmt es nicht recht mit dem Hergang der Einwanderung, über den wir durch die Erzählungen des Ammianus Marcellinus[2]) und Eunapius[3]) sehr gut unterrichtet sind. Gerade daß Eunapius von einem solchen Vorschlage nichts weiß, macht uns denselben mehr als verdächtig, da dieser Autor sich für das erste allgemeine Auftreten der Gothen als Christen, 4 Jahre später, besonders interessirt[4]), und es dann auch so darstellt, daß an einen frühern Uebertritt nicht wohl zu denken ist. Vor der ersten Aufnahme ins Römische benahmen sich die von den Hunnen vertriebenen Gothen freilich sehr demüthig, und mögen allerlei versprochen haben, wie denn auch Valens verlangte, daß sie vor dem Uebergange ihre Waffen ablegten. Aber die mit der Leitung des Uebergangs beauftragten römischen Beamten verdarben gleich Anfangs

---

1) Vergl. Sozomenus, hist. eccles. l. VI. c. 37. Theodoret. hist. eccles. IV. c. 37.
2) Histor. lib. XXXI, 4.
3) In den Excerptt. de legatt. fr. 6. Corp. script. hist. byzant I, p. 48.
4) Siehe unten.

die Sache vollständig. Die Gothen lieferten die Waffen nicht ab; die Unordnung und Verwirrung steigerte sich gar bald bis zum offenen Aufstande, dessen Folgen der mehrjährige gothische Krieg bildete. Man mag immerhin von einem Abschluß eines Vertrages zwischen Valens und der um Aufnahme bittenden Gothen sprechen, gehalten wurde er kaum einen Augenblick, und daß unter solchen Umständen von Valens wirklich gesandte Geistliche das Volk christianisirt hätten, ist mehr als zweifelhaft. Dagegen wird uns erzählt [1]), daß kurz vor der Schlacht bei Adrianopel von Fridigern, dem gothischen Anführer, ein Presbyter zur Verhandlung an Valens geschickt ward, der von Neuem die Bitte vorbringt, daß man den Gothen Thracien zum Wohnsitz geben möge; unter der Bedingung wollten sie ewigen Frieden halten. Jener Geistliche hatte aber auch geheime Aufträge: Fridigern würde auf keine Weise die Wildheit seines Volkes mäßigen und sie zu Bedingungen, die dem Reiche zuträglich wären, geneigt machen können, wenn der Kaiser nicht mit seinem Heere in drohender Nähe bliebe. Ammian sucht die Sache als eine zweideutige hinzustellen, ohne daß er eigentlich den Grund erkennen läßt. Aber was auch die Anträge des Fridigern sonst noch enthalten haben mögen, wenn irgendwo die Umstände einen Wunsch nach Vermeidung einer Schlacht und nach Herstellung des Friedens, wie er auch noch öfter vor der eigentlichen Entscheidung ausgesprochen wurde [2]), rechtfertigen, so war es damals, wo eine verlorene Schlacht das Volk der Westgothen vernichten konnte. Man hat ferner mit großer Wahrscheinlichkeit daran gedacht, daß Ulfilas selbst jener vom Kaiser freundlich aufgenommene Geistliche gewesen sei [3]), der jedenfalls für eine Vermittlung der passendste Mann war, aber um so wahrscheinlicher ist es auch, daß die Vorschläge im guten Glauben gemacht wurden. Wenn

---

1) Ammian. Marcell. l. XXXI, 12, 8. 9.
2) Amm. Marc. ibid. 12, 12. 14.
3) Vergl. Waitz a. a. O. S. 46.

daher in irgend einen Zeitpunkt unter Kaiser Valens Verhandlungen über friedliche Sitze in Thracien und Uebertritt zum Christenthum von Seiten der Gothen passen, so passen sie auf diese Sendung des Geistlichen, bei der man in's Auge faßte popularium saevitiam mollire vel ad conditiones rei Romanae profuturas allicere. Ja daß ein Geistlicher überall gesandt wurde, läßt darauf schließen, daß es sich nicht allein um die weltlichen Angelegenheiten handelte, so sehr die etwaigen geistlichen politisch den letztern auch untergeordnet werden mochten. Jetzt, nachdem die ganze Gefahr, die die Einwanderung mit sich gebracht hatte, klar vor Augen lag, und ein dauernder Friede nur dann als möglich erscheinen konnte, wenn die Gothen auch dem Leben der Römer sich näherten, konnte den gothischen Anführern, die sich und den Ihren nun einmal eine neue Heimath schaffen mußten, der Gedanke kommen, im Uebertritt zum Christenthum ein Mittel zum dauernden Frieden zu haben, zumal man das Beispiel der schon länger in Thracien ansäßigen christlichen Gothen des Ulfilas vor sich hatte.

Es kam freilich nicht zum Vertrag, indem sich Valens nicht darauf einließ und vor der Hand nur zweideutig antwortete. Wie für ihn einmal die Sachen standen, war er nicht ohne Aussicht auf Sieg, und ein solcher sicherte das Reich mehr, als jeder Vertrag, so daß sich der Gang der Dinge sehr wohl erklärt durch die den beiden Anführern durch die Umstände nahegelegte Politik.

Daß aber die Gothen das Christenthum anfangs ganz als ein politisches Mittel ansahen, das geht aufs Deutlichste aus ihrem Verhalten im Jahre 380 hervor.

Damals [1] nämlich, während der Krankheit des Theodosius,

---

[1] Vergl. Jordan. d. reb. Get. c. 27. und Zosim. hist. lib. IV, c. 31 und c. 34. In beiden Capiteln ist von demselben Ereignisse die Rede, das erste Mal in Bezug auf Theodosius, das zweite Mal in Bezug auf Gratian.

die in den Anfang des Jahres fiel ¹), unternahmen die gothischen Fürsten einen neuen großartigen Angriff gegen das Reich, nachdem sie vorher jenseits der Donau den Athanarich verjagt hatten, um, wie Zosimus sagt ²), den Rücken sich frei zu halten. So überschritten sie wiederum mit unzähligen Schaaren die Donau, und, wie Eunapius ³) ausführlich schildert, diesmal äußerlich als Christen um die Römer zu täuschen. Es kann nach dem Auszuge, den Zosimus uns von dem Geschichtswerke des Eunapius gemacht hat, nicht zweifelhaft sein, daß das betreffende Fragment (46) dieses Autors in den angegebenen Zusammenhang gehört; zumal da die Beschreibung, welche Eunapius von dem ersten im Jahre 376 ausgeführten Flußübergange der Gothen gemacht hat, uns ebenfalls erhalten ist ⁴); und zwar sind beide Fragmente der Art, daß sie nicht Stücke sein können, die sich auf denselben Zeitpunkt beziehen. Außerdem würde das Fragment 46, wenn es Ereignisse vom Jahre 376 schilderte, chronologisch in falscher Reihenfolge stehen, was sonst bei der Anordnung der Excerpte nicht vorkommt. Es wird aber darin erzählt, daß die einzelnen Stämme ihre heidnischen Heiligthümer mitgebracht hätten sammt den Priestern und Priesterinnen. Doch sei das strengste Stillschweigen darüber beobachtet, um die Feinde zu täuschen, und man habe einige als Bischöfe, die aufs Wunderlichste gekleidet waren, öffentlich aufgeführt, um durch die von ihnen selbst verachteten, von den Kaisern aber eifrig verehrten Sakramente bei den Unachtsamen sich willkommen zu machen. Es seien auch sogenannte Mönche unter ihnen nachgeahmt gewesen in ihren schwarzen Gewändern, deren geachtete Stellung bei den Römern sie recht wohl bemerkt hätten. Ob diese Darstellung des christenfeindlichen Autors im vollen Maaße berechtigt ist ⁵), kann hier zunächst dahin gestellt bleiben; daß sie

---

1) Vergl. Tillem. hist. d. emp. Not. IV. et V. sur l'emp. Théod.
2) Zosim. hist. IV, 34.
3) In den Excerptt. de sentt. fr. 46. Corp. Scriptt. hist. byz. I, p. 82.
4) Excerptt. de Legg. fr. 6. Corp. scriptt. hist. byz. I, p. 48.
5) Vergl. Neander, Kirchengesch. II, 1. S. 272.

nicht ganz aus der Luft gegriffen ist, dafür können wir noch ein merkwürdiges Zeugniß anführen. Es ist in dem Schreiben enthalten, welches die unter Ambrosius Vorsitz gehaltene aquilejer Versammlung an die Kaiser richtete 1). Es wird zuerst darin der Antrag auf Absetzung des Palladius und Secundianus motivirt, dann heißt es: Attalum quoque presbyterum de praevaricatione confessum et palam sacrilegiis inhaerentem par sententia comprehendit. Nam quid de magistro ejus Juliano Valente dicemus! — — qui etiam torquem, ut asseritur, et brachiale, impietate Gothorum profanatus, more indutus gentilium ausus sit in prospectum exercitus prodire Romani. Quod sine dubio non solum in sacerdote sacrilegium, sed etiam in quocunque Christiano abhorret more Romano, nisi forte sic solent idolatrae sacerdotes prodire Gothorum. Dieser Valens war früher in der schon vor der Abfassung jenes Schreibens zerstörten Stadt Patavio [in Pannonien] als Geistlicher gewesen und suchte später den Bischof zu spielen, ohne es zu sein. Es heißt von ihm ferner: qui cum esset proximus, declinavit sacerdotale concilium, ne eversae patriae perditorumque civium causas praestare sacerdotibus cogeretur, und hernach posteaquam deformiter dejectus a plebe est, qui Pataviono esse non potuit, is nunc Mediolani post eversionem patriae, ne dicamus proditionem, inquietavit. Letztere Stellen weisen doch darauf hin, daß man dem Valens Schuld gab, die Stadt an die Gothen verrathen zu haben. Er muß mit diesen in irgend welcher Verbindung gestanden haben, nachdem er abgesetzt war. Er war außerdem Arianer [2]) und wenn es unwahrscheinlich ist, daß er aus eigener Erfindung sich in jenes gothisch=geistliche Costüm warf, so mag er uns als ein bestimmtes Beispiel für das Auftreten des damaligen gothischen Christen=

---

[1]) Vergl. Actt. Concil. Aquil. und St. Ambr. epist. Cl. I, 10. in Patres IV. saec. Ambr. 8. Par. 1842. p. 264.

[2]) Ambros. epist. Cl. I, 25. ed. Paris. 1842. p. 267.

thums gelten ¹). Auf seinen Aufzug passen die Worte des Eu=
napius: καί τινας ὡς ἐπισκόπους αὐτῶν ἐς τὸ θαυμαζόμενον
σχῆμα καταστολίσαντες καὶ περικρύψαντες καὶ πολλῆς αὐτοῖς
τῆς ἀλώπεκος ἐπιχέαντες, εἰς τὸ μέσον προεφίεσαν. Dadurch
bestätigt sich also die Grundlage des eunapischen Zeugnisses für
das gothische Christenthum zur Zeit ihres zweiten Donauüber=
ganges. Sie ahmten auf wunderliche Weise die Aeußerlichkeiten
des Christenthums nach und brachten ein Mischmasch zu Tage,
wie es sich nicht erklärt, wenn der Uebertritt von vorn herein
durch die geordnete Kirche der Arianer geleitet wurde, wohl aber,
wenn der Entschluß der gothischen Fürsten auf gut Glück hin
ausgeführt wurde, halb um zu täuschen, halb sich an die christ=
lichen Elemente haltend ²), die immer schon unter ihnen waren,
wesentlich aber aus politischen Gründen. Daß nun, um auf die
Angaben des Orosius und Jordanes zurückzukommen, hernach
ein Katholik dem verhaßten Valens, dem einzigen arianischen
Kaiser, der in Frage kommen konnte, Schuld gab, was unter den
obwaltenden Umständen den Gothen die Politik gebot, und wozu
auch ohne Vorsorge des Kaisers alle Gelegenheit gegeben war,
ist ebenso erklärlich, als es für denselben Autor nothwendig war
die betreffende Handlungsweise des Valens an den einzigen Ver=
trag zu knüpfen, den dieser mit den Gothen schloß. Ja man
darf sogar daran denken, daß bei der Entstehung des Fehlers
außerdem, daß Fribigern in der That vor der Schlacht bei Abria=

---

¹) Viele Gothen traten ins römische Heer ein; ja seit 380 konnte der sich
unterwerfende Theil der Gothen als Theil des römischen Heeres angesehen
werden, so daß das prodire in prospectum exercitus Romani nichts Auf=
fälliges hat.

²) Als ein heidnisches Ueberbleibsel findet sich nach Gieseler noch ums
Jahr 410 die in das Bußwesen eingedrungene Ansicht Verbrechen, durch Geld=
buße vergüten zu können, wenn anders die betreffende Homilie den gothischen
Arianismus im Auge hat. (Gieseler, Kirchengesch. II, 2. p. 341 (4. Aufl.
1845) cf. Homilia de haereticis peccata vendentibus in Mabillon, Muse-
um Italicum T. I. P. II. p. 27.)

nopel ähnliche Vorschläge machte, auch noch das mitwirkte, daß das erste allgemeine Auftreten der Gothen als Christen allerdings mit einem Uebergange über die Donau verknüpft war, wenn auch nicht mit dem zur Zeit des Kaisers Valens.

Indessen können wir noch von zwei ganz andern Seiten her diese unsere Auffassung bestätigende Momente beibringen.

Bei aller Wahrscheinlichkeit, daß Ulfilas eben der die Vermittelung versuchende Geistliche war, wird man doch schwerlich die Sache so fassen wollen, daß er bei jener Annahme des Christenthums von Seiten der Westgothen, wie sie Eunapius beschreibt, betheiligt gewesen sei.

Außerdem lesen wir in Isidor's Chronicon Gothorum [1]: Invenerunt autem eo proelio Gothi confessores priores Gotos, quos dudum propter fidem a terra sua expulerant, et voluerunt eos sibi ad praedae societatem conjungere. Qui cum non adquievissent, aliquantis interfectis alii montuosa loca tenentes et refugia sibi qualiacunque construentes, non solum perseveraverunt Christiani Catholici, sed etiam in concordia Romanorum, a quibus dudum excepti fuerant, permanserunt. Waitz bemerkt dazu [2]: „Isidor hat hier gewiß hauptsächlich an die Gothen, die dem Ulfila gefolgt waren, gedacht, obschon er, der nur die spätere Verfolgung (unter Athanarich, die hauptsächlich Katholiken betraf) kannte, sie als Katholiken den neulich zum Arianismus bekehrten Unterthanen des Fribigern entgegengestellt. Auch aus Jordanes erhellt, daß jene ihre gesonderten Wohnsitze noch viel später inne hatten und hier friedlich ihre Heerden weideten". Die angezogene Stelle des Jordanes steht unmittelbar nach der Auseinandersetzung der von den verschiedenen Völkern nach dem Tode des Attila und der schließlichen Besiegung der Hunnen angenommenen Sitze [3] und lautet: Erant siquidem et alii Gothi, qui dicuntur

---

[1] Era 416 in Hist. Goth. etc. Hug. Grotii p. 712.
[2] a. a. O. S. 46.
[3] De reb. Get. c. 51.

Minores, populus immensus, cum suo pontifice ipsoque primate Vulfila, qui eis dicitur et literas instituisse, hodieque sunt in Moesia regionem incolentes Nicopolitanam. Ad pedes enim montis gens multa pauper et imbellis, nihil abundans nisi armento diversi generis pecorum et pascuis silvaque lignorum, parum habens tritici, caeterarum specierum est terra foecunda. Vineas vero nec si sunt alibi certi eorum cognoscent, ex vicinis locis sibi vinum negotiantes; nam lacte aluntur. Man sollte meinen, Jordanes schriebe hier aus seiner Zeit, das ist aber um so entschiedener abzuweisen, als auch Procopius [1]) nur wenige Jahre später eine Darstellung von den Wanderungen und Sitzen der Gothen giebt, und so sehr er sich bei den wenigen tetraxitischen Gothen auf der Krim aufhält, von einem immensen Volke der Gothen in solcher Nähe von Constantinopel weiß er nichts. Dazu kommt, daß dies nicht die einzige Stelle des Jordanes ist, wo er das „hodie" seiner Quelle beibehält [2]). Bedenkt man nun, daß Jordanes die betreffende Angabe nur deshalb so spät setzen konnte, um die Darlegung der Sitze der verschiedenen Völker im Zusammenhang zu geben, wie er das Geographische überall gern zusammenstellt, so wird es schon an und für sich das Wahrscheinlichste, daß über Ulfilas ihm derselbe Autor als Quelle vorlag, dem er das übrige dem Ulfilas Gleichzeitige entnommen hat. Bei den vielerlei Einzelnheiten, die jener über diese Zeit berichtete, ist es erlaubt bei ihm auch die Kenntniß von Ulfilas und seinem Volk vorauszusetzen. Zudem aber verräth sich dieser Ursprung der jordaneischen Nachricht noch an der ungeschickten Wendung des Satzes; denn jenes Erant et alii Gothi cum pontifice suo Vulfila gehört offenbar in eine Darstellung der Zeit, in welcher Ulfilas noch existirte, und das folgende hodieque sunt ist nur in

---

1) Proc. de bello Goth. VI. 4, 5.

2) Vergl. das hodie in Cap. 6 wo es sich ursprünglich sogar auf die Zeiten des Trogus Pompejus (cf. Justin. Phil. XLI, 1.) bezieht. Im Cap. 11 ist es auf die Zeit des Ablavius zu beziehen.

wenig gefälliger Weise angehängt. Dazu kommt denn, daß die Erzählung des Isidor von den friedfertigen Gothen, die sich in den Bergen gegen die neuen Ankömmlinge schützen — sobald wir von den Catholici absehen, da den Kirchenhistorikern die aus Gothien vertriebenen Christen nur als Katholiken bekannt waren — inhaltlich sowohl als stilistisch die jordaneische Nachricht ergänzt. Denn rücken wir beide zusammen, so würde die ursprüngliche Quelle gelautet haben: Erant siquidem et alii Gothi, qui dicuntur Minores, populus immensus, cum suo pontifice ejusque primate Vulfila, qui eis dicitur et literas instituisse. Voluerunt eos sibi ad praedae societatem conjungere. Qui cum non adquievissent — — in concordia Romanorum, a quibus dudum excepti fuerant, permanserunt, hodieque sunt in Moesia regionem incolentes Nicopolitanam. Die jordaneische Quelle für diese Zeit schrieb aber im Jahre 416, und beschäftigte sich besonders mit dem Geschick der Westgothen. So erklärt sich denn nicht bloß das erant et alii Gothi cum Vulfila, sondern es fällt auch die Unbeholfenheit im hodieque sunt bei Jordanes fort, und das a quibus dudum excepti fuerant des Isidor tritt in einen gefälligeren Zusammenhang, da es sich von sebst verstand, daß die Römer sie aufgenommen hatten, wenn Isidor am Anfang sagt: invenerunt (in Thracia) confessores priores, quos dudum propter fidem a terra sua expulerant. Zugleich sahen wir schon oben ein Beispiel, wie dem Isidor für diese Zeit seiner Chronik zum Theil wenigstens die Nachrichten aus derselben Quelle zuflossen, aus welcher Jordanes geschöpft hat, und daß auch da die Angabe Isidors die stilistische Wendung des Jordanes erklärte. Daß aber Jordanes an vorliegender Stelle nur den geographischen Theil des Zeugnisses gab, liegt eben in der Stellung, in welcher er die Notiz einschob, und daß Isidor oder seine nächste Quelle den wichtigen Anfang veränderte, darin, daß die Kleingothen bei ihm zu Katholiken gemacht waren.

Wenn ich also auch die Nachrichten des Jordanes und Isidor nur als ein einziges Zeugniß auffassen kann, so sehe ich doch keinen Grund ihm die Glaubwürdigkeit abzusprechen, in so fern es aussagt, daß Ulfilas und die Seinen keine gemeinsame Sache machten mit den Verwüstern Thraciens. Vortrefflich paßt es aber auch in diesen Zusammenhang, wenn Ulfilas jener Geistliche war, der den Frieden wieder herzustellen suchte, und wenn damals vom Uebertritt der Gothen zum Christenthum die Rede war, so mag er immerhin zu jener Wendung der gothischen Politik beigetragen haben, deren Bedeutung keiner mehr einzusehen im Stande war, als er; jedenfalls zog er nach der Vereitlung des Vertrags sich wieder zurück.

Es wird sich freilich auch bei diesem Zusammenhange nicht leugnen lassen, daß Mancher der schon im Römischen seßhaften arianischen Gothen sich mit den neuen Ankömmlingen vereinigt hat, wenn auch die Masse derselben mit Ulfilas sich ruhig verhielt; frühzeitig mochte so im gothischen Heere der Arianismus vertreten sein. Daß letzterer aber von vorn herein durch Geistliche im officiellen Auftrage Propaganda gemacht habe, ist bei jener eigenthümlichen Stellung des eigentlichen Hauptes aller gothischen Arianer sehr wenig wahrscheinlich. Dazu kommt denn, daß Ambrosius bis zum Jahre 380 noch keineswegs von der arianischen Gesinnung des gothischen Heeres unterrichtet war.

Zunächst vergleicht er noch im Jahre 378 [1]) am Schluß des 2. Buches de fide die Gothen mit Gog und Magog, die das Volk Israel mit Krieg überziehen und hält ihren Einfall gerade in die thracischen und mösischen Gegenden, wo damals der Arianismus blühte, für gerechte Strafe und sagt zum Schluß: quemadmodum res romana tali tuta poterat esse custodia? Wenn es bekannt gewesen wäre, daß die Gothen gar durch einen offenen Vertrag mit Valens vorher schon Arianer geworden, ja daß sie überhaupt nur Christen waren, so hätte man doch ganz andere Wendungen des Ambrosius zu erwarten gehabt. Er hätte in jenem Kampfe eher eine sich selbst zerfleischende Häresie sehen

---

[1]) Vergl. Tillemont. mém. p. serv. à l'hist. eccl. X. p. 109.

müssen, und den Krieg, den der Kaiser Gratian, an welchen jenes Werk gerichtet ist, eben zu unternehmen im Begriff war, mindestens unter den Gesichtspunkt gestellt, daß er in den Gothen selbst die Häresie zugleich bekämpfe, während er doch in den Worten, die er in Bezug auf den zu erwartenden Sieg des Kaisers schreibt: „Wir, die wir den Kampf mit der Häresie aufgenommen haben, werden in te vigente eine Hülfe des katholischen Glaubens haben", nur an eine mittelbare Unterstützung von Seiten des Kaisers denkt.

Später noch schrieb Ambrosius im ersten Buche seines Commentars zum Lucas [1]): Gothis non imperabat Augustus, non imperabat Armenis, imperabat Christus. Acceperunt utique Christi censores, qui Christi martyres ediderunt. Et ideo fortasse nos vincunt, ut praesentia docent, quoniam, quem illi oblivione sanguinis fatebantur, huic Ariani quaestionem generis inferebant [2]).

Es ist dieser Commentar frühestens nach 379 geschrieben; denn es wird darin das im letztern Jahre verfaßte [3]) 3. Buch de fide citirt [4]). In der vorliegenden Stelle ist aber zu beachten, daß Ambrosius in Bezug auf das Christenthum der Gothen nicht von der Gegenwart spricht. Er sagt imperabat Christus und fatebantur, und beruft sich auf die katholischen Märtyrer, die besonders aus den Jahren 370—372 bekannt waren [5]); ferner

---

[1]) Ambr. Expos. evang. sec. Lucam. I. c. 37. edit. Patr. IV. saec. Paris. 1842. Ambr. T. V.

[2]) Des Hieronymus im Jahre 398 geschriebene Worte (ep. 57 ad Laetam): Deposuit pharetram Armenius, Getarum rutilus et flavus exercitus ecclesiarum circumfert tentoria, et ideo fortasse contra nos aequa pugnant acie, quia pari religione confidunt sind offenbar der ambrosischen Stelle nachgebildet und daher ohne Werth für den Zeitpunkt der Abfassung des Briefes.

[3]) Tillemont. mém. p. s. X. 120 f.

[4]) exp. in Luc. III. c. 32.

[5]) Waitz a. a. O. S. 43.

würde er das zweifelnde fortasse gewiß nicht gesetzt haben, wenn er die siegreichen Gothen allgemein für Katholiken gehalten hätte; und wenn er gewußt hätte, daß sie gegenwärtig Arianer waren, so war der ganze Gegensatz ein völlig ungerechtfertigter. Er muß sie also noch für Heiden, wie oben für Gog und Magog dem Volke Israel gegenüber, gehalten haben, denen vielleicht das katholische Martyrium der Einzelnen zu Gute käme. So aber konnte er nicht mehr schreiben, wenn damals schon das ganze gothische Volk mit der christlichen Confession aufgetreten war, und wir müssen daher den Commentar mindestens in den Anfang des Jahres 380 setzen [1]). Weil wir ihn aber auch nicht früher

---

[1]) Tillemont (mém. p. s. X. p. 751), der die Ansicht des Baronius (ad a. 376 §. 6. 8.), daß der Commentar im Jahre 376 geschrieben sei mit Recht verwirft, setzt ihn freilich selbst ins Jahr 386; doch beruht seine Ansicht lediglich auf der Auffassung einiger Stellen, in denen er (besonders in Luc. VII. 48—53.) Anspielungen sieht auf die Anfeindungen, die Ambrosius im Jahre 386 von Auxentius II. zu erdulden hatte. Der Zusammenhang der von ihm angezogenen Capitel lehrt aber leicht, daß es sich darin nur um eine Ausführung über die Häretiker überhaupt handelt. Er vergleicht dieselben mit Wölfen (ibid. VII, 52. Foris ovis, intus lupus est.), die überall, wo sie können, die Gläubigen bedrängen. Noch unbegreiflicher ist, daß Tillemont die Worte: aestusque omnes, quibus Italiae populus per Iudicae olim et Arianae proxime saevitatis incendia coquebatur, sereno jam spiramine temperantur. Sedata tempestas est, concordia navigat, fides spirat etc. (ibid. IX. 32.) auf des Ambrosius Sieg über Auxentius beziehen will. Da Valentinian im Jahre 386 durch seine Mutter und die ihn umgebenden Gothen beeinflußt ein Gesetz zur freien Religionsausübung der Arianer erlassen hatte, und erst 388 zu Thessalonich wieder der katholischen Partei gewonnen ward, so konnte, wenn wir auch nichts weiter darüber erfahren, ob Ambrosius zu Mailand ferner belästigt ward, doch obige Schilderung des vollständigen Siegs der Katholiken in Italien auf die Verhältnisse des Jahres 386 nicht passen. Vielmehr scheint Ambrosius dieselben Verhältnisse vor Augen zu haben, in Bezug auf welche er im Jahre 381 (gegen Ende) an den Kaiser Theodosius schreibt (ep. 14.): Italia, quae jam dudum ab Arianis quieta atque secura est, nec ulla haereticorum perturbatione vexatur. Aber am meisten widersprechen der Ansicht Tillemonts die Worte: nos vincunt, ut praesentia docent. Man vergleiche auch

setzen können, so müssen wir bei der Angabe des Eunapius bleiben, daß das Christenthum der friedigernschen Gothen sich erst vom zweiten Donauübergange herschreibt.

Neben diesen Zeugnissen des Ambrosius gegen die Auffassung des Jordanes von der Arianisirung der Gothen darf aber außerdem auch eine Erzählung des Theodoret [1]) geltend gemacht werden, in welcher berichtet wird, daß als Kaiser Valens seinem Feldherrn Trajan, der im Jahre 377 die Schlacht bei Salices gegen die Gothen verloren hatte, heftige Vorwürfe machte, der letztere ihm in Bezug auf die kurz vorher geschehene Verfolgung der Katholiken antwortete: „Nicht ich bin besiegt; du selbst bist an der Niederlage Schuld, denn du hast den Barbaren den Beistand Gottes verschafft, indem du gegen ihn ankämpfest. Weil du mit ihm Krieg führst, steht er auf Seiten der Feinde und der Sieg, welcher stets ihm folgt, ist für die gewesen, deren Partei er ergriffen hat". Man mag die Wahrheit der Erzählung dahin gestellt sein lassen, der Urheber derselben setzte keinenfalls einen Arianismus der Gothen voraus, noch weniger aber, daß dieser von Valens ausgegangen sei. Verhältnißmäßig alt ist aber die Quelle des Theodoret ebenfalls gewesen. Auch die Erzählung vom heiligen Isaak [2]), der kurz vor der Schlacht bei Adrianopel mit ganz ähnlichen Vorwürfen [3]) den Valens ermahnt die Katholiken nicht weiter zu bedrängen, deutet nicht im Geringsten an, daß die Feinde Arianer sein, obgleich das, wenn es bekannt war, auf die

---

ad Luc. X. c. 10. Nos quoque in Illyrico exules patriae Gothorum exilia fecerunt, et nondum est finis. Gerade in Illyrien aber wurden die Gothen 380 zur Ruhe gebracht. Tillemont erinnert an den Angriff der Greutungen im Jahre 386, aber letztere wurden schon gleich bei ihrem versuchten Uebergange über die Donau vollständig geschlagen.

1) Hist. eccl. l. IV. c. 33.
2) Sozom. l. VI. c. 46. Theodor. l. IV. c. 31.
3) „Wohin gehst du, der du gegen Gott den Krieg geführt hast, und von seiner Hülfe verlassen bist? Denn er ist es, der die Barbaren sich gegen dich erheben läßt, weil du die Zungen der Spötter gegen ihn bewaffnet hast".

Auffassung der Erzählung hätte einwirken müssen. Aber als
noch wichtiger muß uns das Zeugniß des Gregor von Na=
zianz gelten, der während des Gothenkriegs eine Reihe kirch=
licher Reden zu Constantinopel hielt, die uns erhalten sind. Er
berührt in denselben freilich die profane Zeitgeschichte nur selten,
wenn er aber etwa in der Mitte des Jahres 379 sagt [1]), daß
man die Niederlage der Römer, die doch einst den Erdkreis unter=
worfen hätten, nicht erklären könnte aus ihrer Feigheit, sondern
nur aus ihrer Verderbtheit und der Gottlosigkeit der Nicht=Trini=
tätslehre, so ist sein Urtheil offenbar dasselbe, welches Ambrosius
in demselben Jahre aussprach, und Trajanus sowohl wie Isaak
ausgesprochen haben sollen. Es muß das um so mehr geltend
gemacht werden, als derselbe Redner in der Mitte des Jahres
380, also sogleich nach dem zweiten Flußübergange der Gothen, in
Bezug auf die arianischen Kämpfe sagt [2]): „Nach der Auflösung
der Eintracht durch die Verschiedenheit der Meinungen verfolgen
wir uns mit fast größerer Grausamkeit, als die uns jetzt mit
Krieg überziehenden Barbaren, welche die aufgelöste Trini=
tas vereinigt". Nach dieser Bemerkung kann kein Zweifel
sein, daß die Gothen damals gleich als Arianer aufgetreten sind,
wie es oben schon der arianische Pseudobischof Valens voraus=
setzen ließ, aber es läßt sich darnach auch Eunapius etwas näher
beurtheilen, dessen Bemerkung, daß die Gothen die von den Kai=
sern verehrten Sakramente äußerlich ebenfalls verehrt hätten, eher
darauf führte, daß die Gothen sich den Anschein von Katholiken
gegeben hätten. Das war offenbar nach dem Zeugniß des Gre=
gorius nicht der Fall, und die Absicht zu täuschen, sich willkommen
zu machen, kann nicht unmittelbar so verstanden werden, wie sie
Eunapius auffaßt, der als besonderer Christenfeind auf jene Un=
terschiede wohl keine Rücksicht nahm und bezüglich der Motive

---

[1]) orat. 14; in der pariser Ausgabe der patres IV. saec. Greg. Naz.
1. p. 497 ör. 22. c. 2.

[2]) orat. XXV. in der par. Ausg. XXXIII c. 2.

in seinem Geschichtswerk sehr oft unzuverlässig war. Dürfen wir dagegen den Ausdruck des Gregor dem strengen Wortlaut nach verstehen, so war es der Arianismus, der die Gothen damals geradezu vereinigte, und sollen die Bewohner Thraciens besonders viel von dem Christenthum der neuen Ankömmlinge erwartet haben, so können es wieder nur die dortigen Arianer gewesen sein. War es der Plan des Fridigern, nachdem er die Gothen des Athanarich an sich gezogen, durch die Annahme des arianischen Christenthums auch die schon in Thracien ansäßigen Gothen sich geneigt zu machen, die vorher sich mit ihnen nicht hatten einlassen wollen, oder wollte er überhaupt nur die gegen die Kaiser erbitterte Partei der Arianer auf seine Seite ziehen?

War es einmal die Politik, die zur Annahme des Christenthums führte, und war die Annahme zunächst eine so äußerliche, so ist es auch eben so natürlich, daß die gewählte Confession sich nach den politischen Absichten richtete, wozu man als weitere Ursachen für den Arianismus der Westgothen immer noch hinzu rechnen mag, daß arianische Gothen schon früh sich mit dem Heere verbanden, daß Fridigern, wenn anders Ulfilas der Gesandte vor der Schlacht bei Adrianopolis war, mit letztern bezüglich der Annahme des Christenthums in Verbindung gestanden hatte, und endlich daß, als schon im Jahre 380 selbst die anbauernde Niederlassung im Römischen erfolgte, die einmal angenommene Confession der katholischen gegenüber in den Klein-Gothen eine zu bedeutende Stütze besaß. Jordanes sagt im Cap. 25: Sic quoque Vesegothae a Valente Imperatore Ariani potius quam Christiani effecti. De cetero tam Ostrogothis quam Gepidis parentibus suis par affectionis gratiam evangelizantes, hujus perfidiae culturam edocentes, omnem ubique linguae hujus sectae invitavere. Indem wir eben jene Bekehrung durch Valens verneinen, können wir daher für Alle, sowohl für die Westgothen als Ostgothen, jenes Motiv der Verwandtschaft und gleichen Sprache mit der von Ulfilas schon längst Bekehrten geltend machen, wobei noch besonders zu beachten steht, daß eine Person wie Ulfilas als Träger der neuen Richtung mit Allem, was durch ihre hinterlassenen Werke, wie durch die Tradition an sie sich anknüpft, innerhalb der Nation auch über die Zeit ihres Lebens hinaus zu wirken pflegt. Ja auch das schlage man nicht zu gering an, daß das arianische Dogma allerdings dem polytheistischen Heidenthum näher stand, und somit eine größere Verständlichkeit [1]) für den nun einmal ins Christenthum gedrängten Germanen besaß als das der Trinitätslehre.

Somit können wir wohl unbedenklich mit Jordanes annehmen, daß die Christianisirung der Westgothen im engen Zusammenhange stand mit ihrer Einwanderung und Ansiedlung im römischen Reiche, und daß sie, durch die Politik geboten, auf den eigenen Wunsch der gothischen Fürsten ins Leben gerufen ward. Nur das Datum des Jordanes und die dem Kaiser Valens dabei zugeschriebene Thätigkeit weisen wir als unbegründet ab und halten uns bezüglich des Zeitpunktes an die Darstellung des Eunapius, nach der die äußere Annahme des Christenthums von Seiten der Gothen offenbar sich an den Donauübergang im Jahre 380 knüpft. Bei solcher Auffassung des Uebertritts der Gothen scheint es denn auch natürlicher, daß der gleichzeitige Kirchenhistoriker Rufinus, der des Eusebius Werk bis zum Tode Theodosius des Großen fortsetzte, Nichts über jenes Ereigniß berichtet; denn war es derartig, wie Jordanes berichtet, so konnte es sich schwerlich der Beachtung des aquilejischen Presbyters entziehen [2]). Ueber den gothischen Krieg des Valens bemerkt er nur [3]): Tum vero Valentis bella, quae ecclesiis inferebat, in hostem coepta converti. — Daß aber noch seit dem Jahre 380 Ulfilas selbst unter den neuen Ankömmlingen gewirkt habe, möchte ich aus dem Grunde bezweifeln, weil Auxentius nicht im Geringsten andeutet,

---

[1]) Gieseler. Kirchengesch. I, 2. S. 340 (4. Aufl. 1845).
[2]) Vergleiche seine Erzählung von der Bekehrung der Inder (X, 9.) u. Iberer (X, 10.)
[3]) Hist. eccl. XI. c. 13.

daß Ulfilas als Bischof irgend wo anders als unter den von ihm selbst ins Römische Uebergesiedelten gewirkt habe. Es mögen für ihn seine rüstigeren Schüler eingetreten sein.

———

Erst jetzt vermögen wir die den Ulfilas betreffenden Nachrichten der katholischen Kirchenhistoriker, welche sämmtlich erst über 60 Jahre nach der fribigernschen Einwanderung schrieben, zu würdigen. Wichtig ist zunächst für unsere obige Auffassung der jordaneischen Quelle, daß sie ebenfalls in der Erzählung des Sozomenus benutzt ist, also immerhin schon ums Jahr 440 geschrieben sein mußte. Bei Sozomenus heißt es [1]), die Gothen seien von den Hunnen vertrieben ins Römische gewandert. Die Hunnen seien früher den Thraciern an der Donau und den Gothen unbekannt gewesen, indem sie, zwar Nachbarn der letztern, doch durch einen großen See von ihnen getrennt gewesen seien, so daß jeder geglaubt habe, sein Land sei das äußerste des festen Landes, ihm folge Meer und unüberschreitbares Wasser. Es hätte sich aber einst getroffen, daß eine wüthende Kuh durch den See gelaufen sei, und der ihr nachfolgende Hirt habe das jenseitige Land gesehen und den Landsleuten davon erzählt. Andere sagten, daß eine flüchtige Hirschkuh einigen jagenden Hunnen den Weg durchs Wasser gezeigt habe. Doch seien sie damals erst wieder zurückgekehrt und hätten ihrem Fürsten von dem Lande erzählt, das sie gesehen, dessen milderes Klima und trefflichen Boden sie bewundert hätten. Dann hätten sie zuerst bei Kleinem die Gothen angegriffen, hernach aber mit ihrem ganzen Heere sie geschlagen und ihr Land besetzt. Jene wären deshalb flüchtig

———

[1]) Sozom. Hist. eccl. l. VI. c. 3. 7.

ins Römische übergegangen, und hätten bei ihrem Uebergange über den Fluß Gesandte zum Kaiser gesandt, und versprochen seine Bundesgenossen zu sein, und gebeten ihnen Sitze, wo er wollte, zu geben. Der Anführer dieser Gesandtschaft sei Ulfilas, ihr damaliger Bischof, gewesen. Man hätte ihnen aber willfahrt und Wohnsitze in Thracien angewiesen. — Nicht lange darauf sei ein Zwist zwischen ihnen ausgebrochen. Anführer der einen Partei sei Fridigern, der der Andern Athanarich gewesen. Der erstere sei im Kampfe überwunden und hätte sich deshalb die Hülfe der Römer erbeten, und der Kaiser hätte den in Thracien stehenden Soldaten geboten ihn zu unterstützen. So sei Athanarich geschlagen, und Fridigern habe aus Dankbarkeit gegen Valens und zum Beweise, daß er ihm in Allem treu und befreundet sein wolle, dessen Glaubensbekenntniß angenommen und seine Unterthanen dasselbe zu thun veranlaßt. — Doch glaube Sozomenus nicht, daß dies der alleinige Grund davon sei, daß bis auf seine Zeit der ganze Stamm der Gothen dem arianischen Bekenntnisse folge. Daran sei auch Ulfilas Schuld, ihr damaliger Bischof, dessen Bekenntniß anfangs sich nicht vom katholischen unterschieden hätte, und der, seiner Meinung nach, unter dem Kaiser Constantius nur unvorsichtiger Weise auf der konstantinopolitanischen Synode auf Seiten des Eudoxius und Acacius gestanden, aber in der Folge noch immer zu den nicäischen Bischöfen gehalten habe. Als er aber nach Konstantinopel kam, solle er, als die Häupter der arianischen Secte mit ihm über das Dogma sprachen und ihm Unterstützung für den Zweck seiner Gesandtschaft versprachen, wenn er zu ihnen übertrete, sei es nun, daß er durch die Noth dazu gezwungen ward, oder daß er in Wahrheit sich bekehrte, Arianer geworden zu sein, und sein ganzes Volk von der katholischen Kirche abtrünnig gemacht haben. Die Gothen nämlich, die von ihm als ihrem Lehrer im Glauben unterrichtet waren, durch ihn zu einer mildern Lebensweise bewogen waren, folgten ihm leicht in allen Stücken, überzeugt, daß nichts von dem, was er sagte oder thäte, schlecht sei; und daß denen, die ihm nacheiferten, Alles zum Guten ausschlüge. In der That hatte er viele Proben seiner Tugend abgelegt, unzählige Gefahren seines Glaubens wegen bestanden, als jene Barbaren noch dem heidnischen Dienst ergeben waren. Er war auch der erste Erfinder ihrer Schrift, und übersetzte die heilige Schrift in ihre Sprache. Das ist denn der Grund, weshalb fast alle am Ister wohnende Barbaren Arianer geworden sind. — Zu jener Zeit aber sei eine Menge der Unterthanen Fridigerns als Zeugen für Christum getödtet; denn Athanarich darüber, daß auch seine Unterthanen von Ulfilas bekehrt seien, erzürnt, weil am heimischen Glauben geneuert würde, zog Viele auf verschiedene Weise zur Strafe. Es folgt darauf eine Schilderung der Christenverfolgung unter Athanarich und heißt es dann weiter: Nicht lange hernach aber vertrugen die Gothen sich wieder mit einander, und zu einem Aufstande sich erhebend verwüsteten sie Thracien.

Voller von Widersprüchen konnte die Erzählung kaum sein, und das Einzige aus ihr, dem wir unmittelbar Glauben schenken dürfen, ist Einiges aus der Schilderung des ulfilasschen Wirkens, wenn wir sie auf die siebenjährige Arbeit des Bischofs im Lande jenseits der Donau und seine spätere unter den Kleingothen beziehen. Daß Ulfilas der Erfinder der gothischen Schrift sei und die Bibel übersetzt habe, sagt freilich Aurentius nicht, aber das unabhängige Zeugniß des Philostorgius bestätigt es hinreichend [1]). Seine Verfolgung und Leiden im gothischen Gebiet werden dagegen auch von Aurentius erwähnt, und seine ehrwürdige Stellung in dem von ihm geführten und durch ihn gesitteten Volke der Kleingothen, das Alles, was er that und sprach, für recht hielt, wird man nicht anzuweifeln können, nur daß die Anwendung, die Sozomenus bezüglich der sämmtlichen Gothen davon macht, ebenso zweifelhaft ist, wie die Angabe, daß Ulfilas einst Athanasianer gewesen, und sei's aus welchem Grunde es sei, später erst sich zum Arianismus gewandt habe, entschieden

---

[1]) Waitz. a. a. O. S. 51.

unwahr ist; denn des Ulfilas eigenes arianisches Bekenntniß beginnt mit den Worten: Semper sic credidi. Nach unserer obigen Auseinandersetzung ist es aber eben so wenig glaublich, daß Ulfilas den ersten Vertrag mit Valens abgeschlossen hat. Zunächst hatte er nichts mit den im Jahre 376 Einwandernden zu schaffen; aber andererseits sehen wir, wie wir gleich anfangs bemerkten, daß die jordaneische Quelle mit verwandt wurde, die sozomenische Erzählung herzustellen. Die den Hunnen den Weg weisende Hirschkuh stimmt völlig zu den Worten des Jordanes im 24. Capitel: Hujus (gentis) venatores, dum in ulteriori Maeotidis ripa venationes inquirunt, animadvertunt, quomodo ex improviso cerva se illis obtulit ingressaque palude nunc progrediens nunc subsistens indicem se viae tribuit. Quam secuti venatores paludem Maeotidem, quam inperviam ut pelagus existimabant, pedibus transiere. — Illi vero, qui praeter Maeotidem paludem alium mundum esse penitus ignorabant — — ad suos redeunt, rei[1]) gestum edicunt, Scythiam laudant. Dann wird erzählt, wie noch einzelne andere Völker unterworfen werden, und schließlich die Gothen. Was aber die Bekehrung der letztern zum Arianismus anbetrifft, so wird sie bei beiden Autoren auf die Gesandtschaft zurückgeführt, welche bei Valens die Erlaubniß zum Uebergang über die Donau und Sitze im römischen Reiche erbitten und den Antrag einer Bundesgenossenschaft machen sollte; allerdings mit dem Unterschiede daß Jordanes das Volk noch heidnisch, Sozomenus es katholisch sein läßt, Jordanes die Bedingung Christen zu werden von den Gothen, Sozomenus die Bedingung Arianer zu werden vom kaiserlichen Hofe ausgehen läßt. Diese Veränderungen im Sozomenus waren eine natürliche Folge von der Einführung des Ulfilas in die Erzählung, zumal da von letzterem gesagt ward, daß auch er ursprünglich katholischer Bischof des Volkes gewesen sei.

---

1) Sollte dafür nicht dem Sozomenus entsprechend regi zu lesen sein?

Die Art aber, wie wir Ulfilas bei Jordanes erwähnt finden, erlaubt nicht anzunehmen, daß er von dessen Quelle schon in den Zusammenhang gebracht war, wie ihn Sozomenus angiebt, und so leidet es wohl keinen Zweifel, daß wir es im letzteren mit einer kirchenhistorischen Kritik zu thun haben, welche die nicht zweifelhafte Bedeutung des Ulfilas für den Arianismus der Gothen mit einer andern Erzählung zu vereinigen suchte.

Aber des Sozomenus Widersprüche gehen am weitesten, wenn er die Arianisirung des Volkes außer durch ihre Einwanderung und Gesandtschaft nochmals motivirt durch die Dankbarkeit des vom Kaiser gegen Athanarich unterstützten Fridigern. Da Athanarich nicht mit den Uebrigen eingewandert ist, sondern erst kurz vor seinem Tode im Jahre 381 aus der transdanubischen Gegend zum Theodosius kam, so ist der von Sozomenus erzählte Zusammenhang, nach welchem der Streit in Thracien stattgefunden haben müßte, völlig unmöglich. Abes es trifft sich, daß Sokrates eben jenen innern Zwist der Gothen als den alleinigen Grund des gothischen Arianismus angiebt.

Sokrates[1], der schon in einem seiner früheren Bücher[2] bemerkt hat, daß Ulfilas auf der Synode zu Constantinopel (360) zuerst als ein Arianer auftrat, da er früher dem Theophilus folgend dem nicäischen Bekenntniß zugethan gewesen wäre, erzählt den Verlauf des Kampfes und die Annahme des Christenthums von Seiten des Fridigern aus Dankbarkeit ebenso wie Sozomenus, läßt aber das Alles noch vor der Vertreibung durch die Hunnen geschehen und setzt es demnach noch in die Gegenden jenseits der Donau. Dadurch scheint ein wesentlicher Widerspruch wegzufallen; denn auf diese Weise ist die Rolle des Athanarich, die er zur Zeit des Valens gespielt haben soll, möglich geworden. Doch fährt dann Sokrates fort: „Damals erfand auch Ulfilas, der Bischof der Gothen, die gothische Schrift, und übersetzte die

---

1) Socrat. Hist. eccl. l. IV. c. 33. 34.
2) ibid. l. II. c. 41.

Bibel in die gothische Sprache. Da aber Ulfilas nicht allein die Unterthanen Fridigerns, sondern auch die des Athanarich bekehrte, so zog der letztere, weil die heimische Religion dadurch verletzt würde, viele der neuen Christen zur Strafe, so daß arianische Barbaren damals zu Märtyrern wurden. — Die Barbaren aber, die in ihrer Einfalt das Christenthum annahmen, verachteten für den Glauben an Christus das irdische Leben. — Nicht lange darauf wurden die Barbaren, die sich wieder vereinigt hatten, von den Hunnen vertrieben und flohen in's Römische".

Der zunächst in die Augen fallende Irrthum dieser Erzählung beruht darin, daß Ulfilas, der schon seit 348 in Thracien wohnte, zu Valens Zeiten doch im eigentlichen Gothenlande gewirkt haben soll. Zweitens soll Ulfilas, der Bischof der Gothen, 360 unter Constantius Arianer geworden sein, die Gothen selbst aber erst unter Valens. Drittens, wenn auch Athanarichs wegen der innere Zwist der Gothen in der Zeit zwischen 364—376 hätte stattfinden können, so kennen wir doch die Geschichte dieser Zeit besonders durch Ammianus Marcellinus genau genug um behaupten zu können, daß ein Kampf der Römer unter Valens mit Athanarich jenseits der Donau nur in den Jahren 368—370 stattfand [1]), daß dieser Kampf aber, über dessen Motive wir besonders gut unterrichtet sind, nicht durch Fribigern veranlaßt war, daß vor Allem Athanarich, dem der Kaiser sogar soweit nachgeben mußte, daß er zum Friedensschluß mit ihm auf der Donau zusammen kam, nirgends darin geschlagen wurde, wenn auch aus gut beglaubigten Nachrichten hervorgeht, daß unmittelbar nach diesem Kriege Athanarich die gothischen Christen verfolgte [2]). Ohne darauf zurückzugehen, daß das Christenthum der fridigernschen Gothen nach unserer obigen Auseinandersetzung sich erst aus der Zeit nach ihrer Einwanderung ins Römische herschreibt, ge-

---

1) Ammian. Marcell. XXVII. 5. Eunap. excerptt. de legg. c. 5. ed. Bonn. Zosimus hist. lib. IV. 10. 11. Themist. orat. 10 in pacem.
2) Epiph. adv. haer. III, 1, 14. Hieronym. Chron. Acta St. Sabbae.

statten es daher die gutunterrichteten Profanhistoriker, der in einer eigenen Rede den Friedensschluß des Valens mit Athanarich feiernde und später ¹) in einer Rede vor Theodosius (im Jahre 381) von dem früheren Feinde Athanarich besonders redende ²) Themistius und das, was wir vom Leben des Ulfilas wissen, nicht anders, als die Erzählung, wie sie im Socrates gefaßt ist, für ebenso unbrauchbar zu halten, wie die, welche im Sozomenus vorliegt.

Andererseits geht die Erzählung aber doch viel zu sehr ins Detail, als daß man annehmen dürfe, sie sei völlig aus der Luft gegriffen, und wenn wir somit nach Anhaltspunkten in der uns bekannten Geschichte suchen, so bietet sich uns als solcher nur jener Kampf im Jahre 380 dar, durch welchen Athanarich in der That von Fridigern vertrieben wurde. Ja nach unserer obigen Auseinandersetzung sind wir um so mehr berechtigt daran zu denken, daß jener Kampf die Grundlage vorliegender Erzählung bilde, als wir oben zu dem Resultate gelangten, daß das Auftreten der fridigern'schen Gothen als Christen aus jener Zeit sich gerade herschreibt. Weiteres aber läßt sich vor der Hand nicht erkennen.

Aber läßt sich deshalb die Erzählung nicht sogleich für die Geschichte verwenden wegen ihrer offenbaren Fehler, so lehren letztere doch wenigstens das, daß Socrates und Sozomenus für ihre Darstellung eine gemeinsame Quelle benutzt haben; denn dergleichen Geschichtsentstellungen können nicht zweimal unabhängig von einander entstehen. Zweitens liegt in jener Erzählung trotz der Größe ihrer Fehler doch eine solche Planmäßigkeit, daß,

---

[1] Themist. orat. 15. in Theod. 189, d.
[2] Auch Ambrosius hätte wohl nicht im Jahre 381 (De spir. sanct. l. 1. c. 17.) in Bezug auf Athanarichs Ankunft zu Constantinopel geschrieben: Hostem ipsum judicem regum, quem semper timere consueverat, deditum vidit (urbs), wenn die Römer denselben wirklich in der erzählten Weise in die Flucht geschlagen hätten.

gerade, weil dem geschichtlichen Interesse so wenig genügt ist, eine ganz besondere Veranlassung ihres Entstehens vorausgesetzt werden muß; denn man bedenke wohl, daß, wenn Socrates und Sozomenus hier eine schriftliche Quelle benutzten, diese letztere doch noch nicht so sehr den Zeiten, die sie darstellt, entfernt war, daß etwa ein Historiker damals schon so entsetzlich und zugleich doch planmäßig Bekanntes habe entstellen können.

Nun trifft es sich, daß dieselbe Erzählung uns zum dritten Male aufstößt, und zwar in den Acten des gothischen Märtyrers Nicetas.

Damit stehen wir aber bei einer Quellenart, für deren Glaubwürdigkeit wir stets einer ganz besonderen Garantie bedürfen. Privatgeschichten, die gar nicht den Zweck hatten, in die große Geschichte eingefügt zu werden, aber doch voller Absichten, denen das Einzelne sich fügen muß. An solcher Stelle kann allerdings eine Geschichtsentstellung wie die obige nicht groß Wunder nehmen, wenn man freilich auch Unrecht thun würde, lediglich aus dieser allgemeinen Rücksicht den Ursprung derselben hier zu suchen. Sehen wir das Einzelne.

Die Erzählung der Acta lautet folgender Maaßen: — — Den Märtyrer Nicetas erzeugte eine barbarische Gegend, ernährten barbarische Sitten, aber den angeborenen Adel der Sitten verdarben sie nicht. Alle kennen den Ister, durch seine Größe vor allen Flüssen berühmt, welchen man in dortiger Sprache Danubius nennt. Der Fluß hatte aber die Gothen zu Anwohnern, die damals aus ihrem Vaterlande ausgewandert waren. Dieser bewunderungswürdige Nicetas, der, vom gothischen Stamme entsprossen, wegen seines glänzenden Geschlechts und seiner Wohlgestalt des Körpers und der Seele zu den höchsten Ehren unter seinem Volke gelangt war, war weder seinen Leben, noch Sitten, noch Glauben nach ein Gothe ꝛc. — — (2) Dieser war in seiner Jugend vom Theophilus unterrichtet, der als Bischof der Gothen auf der ersten allgemeinen Synode zu Nicäa das dortige Bekenntniß unterschrieb. Als aber nicht lange darauf unter den Gothen innere Kriege entstanden, und sie in zwei Parteien sich trennten, deren eine dem Fribigern, deren andere dem in Allem schrecklichen (τὰ πάντα δεινῷ) Athanarich gehorchte, so zog dieser Athanarich mit großen Schaaren gegen Fribigern, der von demselben Geschlechte aber von jenem abgefallen (ἀποστάς) war. Athanarich siegte und errichtete seine Trophäen. Deßhalb blickte Fribigern in seiner Noth auf die Macht der Römer und als Flüchtiger kam er und bat um Hülfe. Damals aber führte Valens der Christusfeind das römische Scepter und da derselbe den in Thracien stehenden Soldaten befahl dem Fribigern Hülfe zu leisten, so setzte dieser mit jenem thracischen Heere und denen, die ihm geblieben waren, wieder über den Ister. So schritten sie zum Kampf mit ihren Gegnern, das heilige Kreuz Christi vorantragend; leicht besiegten sie den, der gesiegt hatte, und eine Menge seines Volks ward theils getödtet, theils gefangen, indem Athanarich selbst auf's schimpflichste mit nur Wenigen sein Heil in der Flucht suchte. (3) Dies war die Ursache und Gelegenheit, weshalb viele der Gothen das Christenthum annahmen. Urphilas aber war der Nachfolger des Theophilus, mit dem er auch auf der Synode zu Nicäa zugegen gewesen war, demselben Glauben zugethan. Später war er auf der zweiten allgemeinen heiligen Synode zu Constantinopel. Da dieser ein kluger und verständiger Mann war, so erfand er die Buchstaben, welche den gothischen Lauten entsprachen und übersetzte mit ihnen unsere heilige Schrift aus dem Griechischen ins Gothische, und bewirkte mit aller Mühe und Fleiß, daß sein Volk sie lernte. Deßhalb nahm die Frömmigkeit unter den Barbaren zu und wuchs von Tage zu Tage. Als aber Athanarich im Laufe der Zeit sich von seinem Verluste erholt hatte, so gelangte er doch nicht in den Glauben, sondern marterte viele der gothischen Christen, und gegen den edlen Nicetas wurde er um so mehr aufgebracht, als dieser durch Adel des Geschlechts und Frömmigkeit sich auszeichnete. (4) Als aber damals der fromme Gratian das römische Reich beherrschte, so bereitete der gottlose und blutdürstige Athanarich aus eigenem Antriebe einen Mord der Frommen und befahl seinen Unterthanen ihm darin zu folgen. Diese Feinde Gottes ärgerten sich über Nicetas, der täglich predigte, und so wurde er (um das Nähere hier abzubrechen) schließlich getödtet. Das 5. Capitel stellt dar, wie ein Cilicier, Namens Marianus, der sich lange Zeit in Gothien im Hause des ihm befreundeten Nicetas aufhielt, sich die Leiche des Märtyrers, freilich erst mit Hülfe eines Wunders, verschafft, und sie nach seiner Vaterstadt Mopsvestia bringt. Die folgenden Capitel aber handeln von einem Wunder, welches die Leiche in Mopsvestia verrichtet zur Zeit des Bischofs Auxentius [1]).

Man erkennt in der Erzählung leicht, daß das 1ste, 4te (und 5te) Capitel ursprünglich auf's engste zusammen gehören, indem sie ihre besondere Zeitbestimmung enthalten und die Verfolgung durch Athanarich besonders motiviren. Das Martyrium fand nach ihnen jenseits der Donau im Reiche Athanarichs statt und fiel in die Zeit Gratians, als die Gothen schon ausgewandert waren, also zwischen 376 und 381. Der erste Urheber dieses Theils der Acta kann ferner nur Marianus gewesen sein, der die Leiche nach Mopsvestia schaffte. Daß er ihn selbst ursprünglich geschrieben, ist zweifelhaft. Was uns vorliegt, scheint von geistlicher Hand verfaßt zu sein, und spricht — was freilich auch Folge einer Ueberarbeitung sein könnte — vom Marianus als einem Dritten.

Wenn nun kein Zweifel darüber bestehen kann, daß die Erzählung der Capitel 2 u. 3 und die der Historiker in sehr naher Verwandtschaft stehen, so steht es doch gleichfalls fest, daß die Angabe der Acta über den durchaus katholischen Ulfilas erst aus einer Nachricht entstanden sein kann, wie sie die Historiker haben. Wenn es deshalb durch jene bedeutende Fälschung den Anschein gewinnt, als wären Cap. 2 u. 3 der Acta einem der Kirchen-

---

[1]) Es hat zwei Bischöfe von Mopsvestia Namens Auxentius gegeben. Der hier gemeinte lebte im 5ten Jahrh.

historiker erst entnommen, so kann doch erstens Sozomenus nicht ihre Quelle gewesen sein, denn dieser sagt nichts vom Theophilus, und setzt den Kampf zwischen Fridigern und Athanarich südlich der Donau. Aber zweitens kann es auch Sokrates nicht gewesen sein; denn letzterer hatte die Notiz über den früheren katholischen Glauben des Ulfilas aus dem ihm vorliegenden Zusammenhang genommen, und schon im 2. Buche bei Gelegenheit des constantinopolitanischen Concils, wo Ulfilas unterschrieben hatte, angebracht; Sozomenus hat dieselbe an ihrer alten Stelle gelassen, und in den Actis steht sie gleichfalls, übereinstimmend mit Sozomenus, an dem ursprünglichen Orte. Weiter erkennt man es am Charakter der Erzählung, daß die Acta doch ursprünglicher sind, als der Bericht des Sokrates. Die Schilderungen der Kämpfe, die Rückkehr des Athanarich, und mancherlei speciellere Züge, wie jener Athanarich τὰ πάντα δεινός, Fridigern der ἀποστάς, Valens ὁ μισόχριστος, selbst die Beschreibung der von Ulfilas erfundenen Buchstaben machen es unwahrscheinlich, daß das Alles nur rhetorische Verschönerungen der dürren sokratischen Erzählung seien.

Es bleibt also nur übrig, daß entweder allen drei Erzählungen eine vierte ursprüngliche zu Grunde lag, oder daß die Fälschung, die sich in den Actis vorfindet, erst innerhalb der Acte entstanden ist, so daß demnach die ursprüngliche Gestalt der letztern die Vorlage der beiden Historiker gewesen sein kann. Letzteres ist aber von vorn herein das bei weitem Wahrscheinlichere; denn erstens kann die Fälschung doch erst in verhältnißmäßig später Zeit gemacht sein, als man vom Arianismus der Gothen wenigstens in den östlichen Ländern des Reiches nicht mehr Bescheid wußte; zweitens ist es doch kaum einzusehen, wer sich in späterer Zeit ein Vergnügen daraus hätte machen sollen, eine ganz unverfängliche Geschichte vom Arianismus der Gothen zu fälschen, lediglich um damit die Acta eines katholischen Märtyrers zu schmücken. Denn wäre die Erzählung der Acta erst den Historikern entnommen, so hätte sie keinen Sinn gehabt, wenn sie nicht gleich in der Gestalt aufgenommen wäre, in der sie noch jetzt vorliegt. Nur bei der andern Auffassung haben wir nöthig die Fälschung, daß Ulfilas stets Katholik war, innerhalb der Acta selbst entstehen zu lassen [1]).

Aber für das wichtigste Moment ist es zu halten, daß es allein im Zusammenhang der Acta sich erklärt, wie die seltsam fehlerhafte Angabe vom frühern Katholikenthum des Ulfilas entstanden sein kann. Es ist doch in der That der Nachforschung werth, auf welche Weise jene unberechtigte Nachricht sich so auffallend geltend gemacht hat, und während wir anderswo nirgends dafür einen Anhaltspunkt finden, sehen wir unschwer, daß in den Actis ein ganz bestimmter und bedeutungsvoller Zweck damit verbunden ist.

Das 1., 4. und 5. Capitel derselben bilden, wie wir oben bemerkten, ein Ganzes, wie es durchaus die Spuren der Ursprünglichkeit in sich enthält. Solche Acten pflegten damals sogleich bei der Aufstellung der Reliquien verfaßt zu werden, wie es eben in der Natur der Sache begründet lag. Marianus kann aber spätestens im Jahre 381 aus Gothien zurück gekehrt sein, als man vom Arianismus der Gothen noch wenig in der weiten Ferne gehört haben mochte; und jene ursprünglichen Acta hatte durchaus nichts Verfängliches. Aber noch in demselben Jahrhundert war es in der Welt bekannt, zu welcher Confession die Gothen, deren Schaaren sich über Europa und Asien, selbst bis nach Aegypten hin vertheilten, sich damals bekannten, und „gothisch" ward sogar die Bezeichnung einer besonderen Häresie [2]). Da waren denn die Acta eines katholischen Märtyrers unter den Gothen aus den letzten Zeiten Athanarichs mehr als verdächtig,

---

1) Gleichfalls wird erst innerhalb der Acta aus Ulfilas die Form Urfilas gemacht sein, ähnlich wie Photius in seinem Auszuge aus Philostorgius (s. unten) Urfilas schreibt, obgleich der Letztere bei seiner Stellung zur Sache schwerlich den Namen verkehrt geschrieben hat.

2) Sozom. h. e. l. VII. c. 17.

wenn auch nicht unter den Gelehrten [1]), jedenfalls doch im Volke; und da sollte ich meinen erklärt es sich leicht, daß man Nicetas in seiner Jugend einen Schüler des Theophilus sein ließ, den Ulfilas mitsammt den Gothen als ursprüngliche Katholiken darstellte. Beides sind Angaben, die der Historie durchaus widersprechen, die aber, wenn aus der angegebenen Tendenz hervorgegangen, als sehr natürlich erscheinen; denn durch die Verwahrung der katholischen Confession des Märtyrers neben dem Arianismus der Gothen war jeder Verdacht vom Märtyrer abgewandt. Theophilus war Bischof unter den Gothen der Krim — wir kommen hernach noch einmal auf ihn zurück — und die offenbare Absichtlichkeit, mit der wenigstens er in der Erzählung der Acta verwandt ist, wirft ein zu schlagendes Licht auf das daselbst vom Ulfilas Gesagte, als daß letzteres für den müßigen Zusatz eines späteren Fälschers gehalten werden könnte. Ob Nicetas wirklich Katholik war, können wir dahin gestellt sein lassen, doch ist es das Wahrscheinlichere, weil er zu den Gothen des Athanarich gehörte, unter denen wir wenigstens bis 372 noch katholische Christen finden. Als man aber in späterer Zeit nicht allgemein mehr Bescheid wußte um die specielle Confession der Gothen, also nicht mehr das Bedürfniß hatte sich gegen einen möglichen Verdacht zu schützen, da mußte die Erzählung des 2. u. 3. Capitels als überflüssig erscheinen, wenn man nicht ebenfalls von Katholiken darin sprach. So erklärt sich die Fälschung, die Ulfilas und sämmtliche Gothen überall zu Katholiken machte, leicht, zumal da sie äußerlich der Hauptsache nach nur darauf beruht, daß man aus dem $\dot{\epsilon}\pi\acute{o}\mu\epsilon\nu o\varsigma\ \Theta\epsilon o\varphi\acute{\iota}\lambda\dot\omega$ (Socrates II. 41.) ein $\sigma\nu\mu\pi\acute{a}\varrho\omega\nu$ in Bezug auf das Concil von Nicäa, und aus dem Concil zu Constantinopel des Jahres 360 das von 381 machte.

So halte ich denn allerdings der 2. u. 3. Capitel der Acta für ein späteres Einschiebsel in die ursprünglichen Acta, aber auch für ein solches, welches speciell für die Acta gemacht ist. Diese

---

[1]) August. de civ. Dei XVIII. 52. Ambros. in Luc. c. 2.

Auffassung ihres Ursprungs findet aber durchaus ihre Bestätigung in dem Verhältnisse, in welchem die Erzählung vom Gothenzwist zur wirklichen Geschichte steht. Als die Hunnen hereingebrochen waren, ward Athanarich von vielen der Seinen, besonders von Fribigern, verlassen. Es floh der Letztere zu Valens. Später kehrte er über den Ister zurück, und vertrieb den Athanarich, nahm mit seinem Volke die christlichen Gebräuche an, und machte unmittelbar darauf von Neuem einen Angriff auf's Reich, so daß Athanarich wieder Raum bekam; denn erst 381 begab dieser sich nach Constantinopel, und ward dort als der Fürst des Volkes empfangen, dessen glänzende Aufnahme einen tiefen Eindruck auf das ganze Volk der Gothen machte.

So sehr auch diese Verhältnisse in den Actis entstellt sind, durch ihre Angaben vom Abfall des verwandten Fribigern, von seiner Rückkehr mit denen, die ihm geblieben waren, von der Wiederherstellung des Athanarich, steht sie der wahren Sachlage doch näher als der Bericht des Sokrates, wie die Lebendigkeit ihrer Darstellung überhaupt darauf führt, daß wir in ihr nicht erst etwas aus Anderer Schriften Abgeleitetes besitzen.

Weiter aber ist der Charakter der Erzählung im Vergleich mit den wirklichen Ereignissen, die sie darstellen will, der Art, daß er sich völlig erklärt durch die Tradition einer ursprünglichen, wenn nicht richtigen, doch je nach der Art des ersten Urhebers erklärlichen Erzählung der betreffenden Ereignisse, und zwar, was ich für wesentlich halte, wie sie sich nur in der Ferne vom eigentlichen Schauplatze dieser Ereignisse — und Mopsvestia in Cilicien war entfernt genug — nicht unter den Gothen, nicht in Thracien oder gar zu Constantinopel, entwickeln konnte. Daher sind einzelne Züge so richtig und charakteristisch beibehalten, und ist das Ganze besonders in seinen Motiven freilich bequem aber unhistorisch. Drittens erklärt aber auch dieser Ursprung den Fehler des Sokrates, daß er den Zwist vor den Hunnenangriff setzt. Es lehrt dieser Fehler, daß die ursprüngliche Quelle keine zusammen=

hängende Historie war, vielmehr eine für sich existirende Erzählung, die erst chronologisch bestimmt werden mußte, und Sokrates, nach dem, was ihm einmal vorlag, ist keineswegs dabei unpassend verfahren; denn, was Fridigern unter Valens jenseits der Donau ausgeführt haben soll, konnte nur in die Zeit vor 376 fallen. Ferner führt schon der Schluß der Erzählung des Sokrates: „So wurden damals arianische Barbaren zu Märtyrern", wie die unmittelbare Verknüpfung mehrerer gothischer Märtyrer mit derselben Erzählung beim Sozomenus auf Märtyrerarten als ihre Quelle zurück; da nun aber die ganze Auffassung der Erzählung dem widerstreitet, daß arianische Märtyreracten zu Grunde lagen — der Schluß des Sokrates stimmt ganz zu dem, was wir als den ursprünglichen Bericht der Acta des Nicetas fassen müssen, während dagegen die durchgreifende Verbindung des Theophilus mit der letztern, das geringe Lob des Ulfilas (λόγιος καὶ νουνεχής) und der Valens ὁ μισοχριστός [1]) nicht an einen arianischen Ursprung der Erzählung zu denken erlauben — so können doch schwerlich noch andere von katholischer Partei verfaßte Acten existirt haben, die Gelegenheit boten die Arianisirung der Gothen und ein fälschlich angenommenes früheres Katholikenthum derselben darin aufzunehmen. Solcher Zufall wäre doch seltsamer Art, und müßten wir dieselbe Tendenz, welche nach unserer Ansicht in den Acten des Nicetas wirkend war, lediglich dann für andere Acten geltend machen.

---

[1]) Beruhten vorliegende Acten auf der Fälschung arianischer Acten, so müßte das μισοχριστός eingeschoben sein. Aber grade für den, der eine Fälschung wagen durfte, nach der Ulfilas und sämmtliche Gothen zu Katholiken gemacht wurden, motivirt sich das Einschieben des μισοχριστός, welches bei seiner Kürze eine allgemeine Bekanntschaft mit der arianischen Richtung des Valens voraussetzt, am Allerwenigsten. — Der früheste Termin der Fälschung innerhalb der Acta ist wohl darnach zu bestimmen, daß erst in der 2. Hälfte des 5. Jahrh. von der Synode zu Constantinopel des Jahres 381 gesagt werden konnte: ἁγία καὶ οἰκουμενικὴ δευτέρα.

Dazu kommt dann, daß wenn wir die Absicht der eingeschobenen Capitel richtig erkannt haben, unsere Voraussetzung, daß schließlich die arianische Confession der Gothen auch zu Mopsvestia bekannt geworden war, auch gleichmäßig erklärt, daß man vom Urheber derselben und dem Hauptdocument desselben, der gothischen Bibel, wußte. Die Verbindung des Ulfilas mit der Erzählung, die außerdem lose genug ist, braucht gar nicht auf die obige Tradition zurückgeführt zu werden, so wenig wie die Vorgängerschaft des Theophilus, der zu Nicäa unterschrieb, und das Verhalten des Ulfilas auf der Synode zu Constantinopel solchen Ursprung genommen haben könnten. Für diese beiden Punkte sind unschwer die Acten der Concilien selbst als Quelle zu erkennen, die seit ihrer Herausgabe durch Sabinus [1]) zu allgemeinerer Benutzung vorlagen.

Dagegen passen die Zeitbestimmungen der beiden Theile der Acta genügend zu einander, um beide in ihrem letzten Grunde auf ein und denselben in Gothien einst gegenwärtigen Gewährsmann zurückführen zu dürfen; denn wenn nach Cap. 1. u. 4. das Martyrium des Nicetas in den Zeitraum von 376—381 excl. fällt, so muß es nach Cap. 3 noch genauer auf die zweite Hälfte des Jahres 380 bezogen werden. Fand es hier statt, so konnte Marianus auch beider Erzählungen erster Urheber sein.

So glaube ich denn daran festhalten zu dürfen, daß die ursprüngliche Gestalt der ersten 5 Capitel der Acta des Nicetas die Grundlage der Erzählung bildete, wie wir sie in den beiden Historikern lesen. Vergleichen wir nun aber diese unsere drei Quellen genauer, so stehen die beiden Historiker sich einander doch näher, als einer dieser beiden den Acten; denn der Irrthum des Sozomenus, daß er den Kampf der beiden gothischen Fürsten nach Thracien setzt, beruht auf seiner eigenen Kritik, indem er die vorliegende Erzählung mit einer zweiten zu verbinden suchte, wie wir hernach noch zu erörtern haben. Vor Allem ist aber zu berück-

---

[1]) Socrat. H. e. I, 17. II, 39. III, 10.

sichtigen, daß beide Historiker ihre Erzählung mit der Wendung schließen: „Als aber die Gothen wieder zur Eintracht zurückgekehrt waren". Ein Gedanke, der offenbar in die Acten nicht paßt, eben so wenig wie in die wirklichen historischen Verhältnisse. Es scheint freilich die Dankbarkeit der Gothen gegen Valens, von der beide Historiker sprechen, in der Ueberarbeitung der Acta ausgefallen zu sein; denn da sie das Volk einmal zu Katholiken machte, so benutzt sie das vielfach bei den christlichen Autoren vorkommende Motiv, daß jene gesiegt hätten durch das Vortragen des Kreuzes. So konnte im vorliegenden Fall der Katholik nur von Katholiken schreiben. Dagegen sagen Sokrates und Sozomenus, daß Ulfilas die Unterthanen sowohl Friedigerns als Athanarichs bekehrt hätte, eine Wendung, wie sie zur Auffassung der Acta ebenfalls nicht stimmt. Endlich ist es auch der übereinstimmend nüchterne und bezüglich des Inhalts durchaus gleichmäßig gehaltene Gedankengang der beiden Historiker gegenüber der Rhetorik und den mancherlei speciellern Andeutungen der Acta, der uns neben den angegebenen Gründen dazu zwingt noch einen andern Autor vorauszusetzen, der die im cilicischen Mopsvestia existirenden Acta so in die Literatur einführte, daß sie sowohl Sokrates als Sozomenus, und, wie hernach noch auseinanderzusetzen ist, die Quelle des Theodoret unabhängig von einander benutzen konnten.

Weiter aber ergiebt sich aus dem genauern Vergleich der drei Quellen, daß dem Sozomenus noch von anderer Seite Nachrichten über Ulfilas zugekommen sein müssen. Er giebt deren mehre als Sokrates und die Acta, und sollten letztere dennoch auch für diese die Quelle gewesen sein, so mußte der spätere Verfälscher der Acta so mancherlei Lob des Ulfilas weggelassen haben, wozu er um so weniger Grund hatte, als er Ulfilas ganz zu einem Katholiken machte. Weggelassen hat letzterer allerdings, soll unsere obige Erklärung recht sein, den einen Gedanken, daß Nicetas trotz des Uebertritts der übrigen Gothen doch fest am alten katholischen Glauben gehalten habe. Es war das eine

nothwendige Folge der Fälschung; aber jener Gedanke ist keines=
wegs völlig verloren gegangen, und soll es einer besondern Be=
stätigung unserer Auffassung der Acta dienen, daß wir ihn in
der Erzählung des Theodoret hernach noch wieder zu erkennen
vermögen. Weitere Verstümmelung, speciell in Bezug auf die An=
gaben vom Ulfilas, können wir aber unmöglich annehmen. Was
wir heute noch in den Actis lesen, konnten wir uns durch ihren
Ursprung erklären; eingehenderes über Ulfilas kann bei unserer
Auffassung jenes Ursprungs nicht mehr erwartet werden. Doch
ohne uns darauf zu stützen, so wäre es doch seltsam, daß der
Fälscher der Acta von so vielerlei Angaben genau desselben weg=
gelassen hätte, was Sokrates aus seiner Quelle unbenutzt ließ.
Aus der Uebereinstimmung der beiden wird der Umfang des In=
halts der Acta im Wesentlichen begränzt. Zweitens aber passen
auch die erweiterten Nachrichten des Sozomenus gar nicht in
den Zusammenhang der Acta; denn hätten letztere erzählt, daß Ul=
filas, seis aus Ueberzeugung, seis im Interesse seines bedrängten
Volkes, schließlich erst übergetreten wäre und die übrigen Gothen,
deren Gemüther er unumschränkt beherrschte, nach sich gezogen hätte,
so ist doch gar nicht abzusehen, wie aus derselben Erzählung der
Vermittler des Sokrates und Sozomenus die Angabe hätte
machen können, Fridigern sei aus Dankbarkeit zur Confession des
Valens übergetreten, und noch weniger ist das in irgend welchen
Zusammenhang zu bringen mit der unmittelbaren Darstellung
der vorliegenden Acten selbst. Sozomenus hatte also noch eine an=
dere Quelle über Ulfilas vor sich, und jedenfalls ist der eine Theil
der aus ihr geschöpften Nachrichten sehr gut: „Die Gothen sind
vom Ulfias im Glauben unterrichtet, er bewog sie zur milderen
Lebensweise, sie folgten ihm in allen Stücken, überzeugt, daß
Alles, was er that und sagte, recht sei. Unzählige Gefahren hatte
er seines Glaubens wegen unter den Barbaren, als sie noch
Heiden waren, zu bestehen gehabt". Betrachten wir diese An=
gaben ganz für sich, so steht darin Alles, wie wir schon oben be=
merkten, in bester Uebereinstimmung, mit dem was wir geschicht=

lich von Ulfilas wissen. Hier ist er der eigentliche Apostel des Gothenvolkes, der sie aus Heiden zu Christen, nicht aus Katholiken zu Arianern macht. Er war es freilich nur für die Kleingothen, aber dieß Volk als solches schuf er doch erst, ursprünglich arbeitete er im Lande der Gothen selbst. Aber gerade diese vorzüglichen Nachrichten werden nun wieder zur schmählichsten Verläumbung verwandt. Eben jenen Einfluß, den Ulfilas besaß, soll er nach Sozomenus angewandt haben, die Gothen vom rechten Wege abzuwenden, nachdem er selbst von den constantinopolitanischen Häretikern sei's im Guten oder Bösen zum Uebertritt bewogen sei. Hier spielt offenbar auch in die Angaben jener anderweitigen und vortrefflichen Quelle der Bericht aus den Actis herein.

Es ist wichtig, daß wir nachweisen können, daß diese Verbindung nicht von Sozomenus selbst ausgegangen ist, denn sie findet sich gleichfalls im Theodoret [1]). Letzterer schreibt: „Als die Gothen über den Ister setzend mit Valens Frieden schlossen, schlug der verabscheuungswürdige Eudoxius dem Kaiser vor, die Gothen zum Uebertritt zu seiner Confession zu überreden; denn diese, die schon längst zur Gotteserkenntniß gelangt waren, hielten an der apostolischen Lehre fest. Eudoxius meinte aber, daß eine gemeinsame Confession den Frieden mehr befestige. Valens billigte diese Ansicht, und schlug den Anführern der Gothen den Uebertritt vor. Diese wollten aber die Lehre ihrer Väter nicht aufgeben. Zu jener Zeit war Ulfilas ihr Bischof, dem sie sehr zugethan waren und dessen Worte sie für unverrückbare Gesetze hielten. Diesen bewog nun Eudoxius mit Worten und Geschenken, daß er die Barbaren zur Annahme der Confession des Kaisers überrede. Er überredete sie aber dadurch, daß er sagte, der Streit beruhe nur auf Ehrgeiz, in der Lehre sei kein Unterschied. Deswegen sagen die Gothen bis auf den heutigen Tag, daß der Vater größer sei, als der Sohn, aber sie halten den Sohn für keine

---
[1]) Hist. eccl. l. IV. c. 37.

Creatur, obgleich sie mit denen communiciren, die solches glauben. Aber dennoch verließen sie nicht gänzlich die väterliche Lehre; denn Ulfilas hatte sie dadurch überredet, daß er sagte, in den Dogmen sei kein Unterschied".

Die Auffassung vom früheren Katholikenthum der Gothen und des Ulfilas läßt auch in dieser Erzählung die Acta des Nicetas als letzte Grundlage erkennen. Selbst das Concil von Constantinopel schimmert noch durch, denn auf diesem traf Ulfilas nach Sozomenus mit Eudoxius zusammen, und dort sollte er sich zuerst zum Arianismus bekehrt haben. Andrerseits könnte man freilich auch meinen, Theodoret hätte in seiner Erzählung die Einwanderung von 376 vor Augen, aber die orosisch-jordaneische Quelle kann hier nicht wohl vorgelegen haben, auch nicht in der Veränderung, die sie im Sozomenus erhalten hat; denn erstens würde jene Einwanderung und Gewährung einer neuen Heimath im Reiche dann in dem Motive des Eudoxius und Valens doch bestimmter hervorgetreten sein, während jetzt nur gesagt wird, daß es sich um einen Friedensschluß handele, und das politische Motiv bei den Gothen sogar ganz wirkungslos gelassen wird; zweitens wird auch Ulfilas nur in derselben unbestimmten Weise wie in den Actis und bei Sokrates ($\kappa\alpha\tau\grave{\alpha}$ $\tau o\tilde{v}\tau o\nu$ $\tau\grave{o}\nu$ $\chi\varrho\acute{o}\nu o\nu$) eingeführt, und drittens erlaubt es die Erwähnung des Eudoxius nicht an die Zeit von 376 hier zu denken; denn dieser starb schon im Jahre 370. Solchen chronologischen Fehler bezüglich eines Bischofs von Constantinopel konnten so verhältnißmäßig alte Kirchenhistoriker nicht wohl begehen.

Andererseits lehrt die Bemerkung über die außerordentliche Stellung des Ulfilas unter seinem Volke, bei dem seine Worte unverrückbare Gesetze waren, daß die, wenn auch schlecht benutzten, Nachrichten der Acta hier noch durch speciellere über Ulfilas erweitert sind, und zwar durch eben solche, wie wir sie schon im Sozomenus fanden. Die Corruption der Erzählung dagegen ist offenbar durch den katholischen Parteistandpunkt hervorgerufen. Die Acta lehrten nicht nur das frühere Katholikenthum der Gothen und des Ulfilas ersten Uebertritt auf der Synode zu Constantinopel, sondern auch, wenn unsere obige Auseinandersetzung das Rechte getroffen haben soll, daß wenigstens Nicetas fest am katholischen Glauben hielt [1]). Hier erweitert sich die Erzählung. Die katholischen Gothen wollen sämmtlich treu bei ihrem alten Glauben bleiben, wie es denn am Schluß heißt, daß sie nicht gänzlich ihren väterlichen Glauben verließen, nur der Urheber ihres Arianismus läßt sich bestechen, und das schließliche Resultat wird ermöglicht durch das neu hinzukommende Moment von dem Einfluß, den Ulfilas auf die Gemüther der Gothen besaß, und durch den er sie betrogen haben soll. Der Plan des Valens in Bezug auf den Frieden wird ganz überflüssig, aber er bleibt stehen, um die Weigerung der Gothen zu motiviren. Ebenso überflüssig waren die Einzelnheiten des Kampfes zwischen Fridigern und Athanarich geworden, da das ganze Ereigniß zu einer Privatsache des Ulfilas gemacht wird, doch beruht diese auf einer Grundlage, die nur der Erzählung der Acta entnommen sein kann. Zugleich hebt die neue Erzählung den Widerspruch der älteren auf, daß der Bischof schon 360 Arianer geworden sein soll, während das Volk erst unter Valens ihm nachfolgt.

---

[1]) Es könnte als fraglich erscheinen, ob die Quelle des Theodoret erst aus demselben Vermittler schöpfte, aus welchen die beiden andern Historiker, oder ob direkt aus der Acta selbst, indeß ist die Erzählung der Letzteren doch wohl zu ausgeprägt, als daß sie unmittelbar so hätte entstellt werden können, wie es im Theodoret geschieht. Die sokratisch=sozomenische Erzählung erlaubte dergleichen weit eher. Nur würde dann aus dem Vergleich der drei Historiker folgen, daß der betreffende Vermittler allerdings davon sprach, daß nicht alle Gothen dem Ulfilas im Uebertritt nachfolgten, daß Sokrates und Sozomenus diesen Gedanken aber nicht unmittelbar benutzten. Sokrates sagt nur: „Deshalb gehören bis heute die meisten Gothen zur arianischen Confession." Sozomenus motivirt seine Combination mit den Worten: „Doch glaube ich nicht, daß deshalb der ganze Stamm der Gothen arianisch ist." Es scheint, als wenn ihm der angegebene Gedanke der Quelle eben ein Mittel zu seiner Combination geworden ist.

Nun erst läßt sich Sozomenus völlig verstehen; denn lagen ihm die zwei Erzählungen vor, wie wir sie aus Sokrates und Theodoret kennen, und als dritte die der orosisch-jordaneischen Quelle, so verband sich die letztere mit der theodoretischen in der Hauptsache scheinbar ohne Widerspruch. Sieht es doch aus, als wenn beide von demselben Ereignisse sprächen. Die über den Ister setzenden und friedenschließenden Gothen, wie sie im Theodoret so ohne nähere Bestimmung erwähnt sind, ließen doch nur an die Einwanderer von 376 denken. Es steht freilich nicht unmittelbar da, daß Ulfilas bei jenem Friedensschlusse Gesandter gewesen sei, aber er tritt doch in so engen Zusammenhang zu der Erzählung vom Frieden, daß den Bericht der orosisch-jordaneischen Quelle dazugehalten, kaum eine Kritik dazu gehörte, um ihn dazu zu machen, und Sozomenus ist zu entschuldigen, wenn er es that; aber man erkennt deutlich seine Kritik, wenn er vorsichtig für den Eudoxius des Theodoret nur die „Vorsteher der arianischen Secte" setzt; denn Eudoxius war, wie bemerkt, zur Zeit jener Einwanderung schon todt. Die „Geschenke und Worte" dagegen, durch welche Ulfilas bewogen sein soll, mildert !er durch: „sei's Noth, sei's Ueberzeugung." Weniger fügte sich die ursprünglichere Gestalt der Acta, die er in der Veränderung nicht wieder erkennen konnte. Zunächst sieht man aber leicht, daß es Sozomenus erst war, der diese beiden Erzählungen neben einander rückte, indem er selbst sagt: Er glaube nicht, daß die Dankbarkeit des Fridigern die alleinige Ursache sei, es käme die andere Gelegenheit der Einwanderung noch hinzu; dann aber, da nun vor Allem der Uebertritt des Ulfilas zur Zeit der erwähnten Synode nicht mehr in den Zusammenhang paßte, so schreibt er getrost: „Er glaube, daß damals Ulfilas noch nicht wirklich übergetreten sei". Endlich da er bei der Verbindung der drei verschiedenen Quellen nicht mehr sagen konnte, Valens habe die Aufnahme der Gothen von der Bedingung Christen zu werden abhängig gemacht, wenn früher schon Fridigern aus Dankbarkeit mit den Seinen übergetreten war, so war er nun gezwungen, den innern Zwist der Gothen nach Thracien zu setzen. So erklärt sich auch diese Kritik, durch die chronologisch, aber aus Zufall, allerdings das Richtige getroffen ward ¹).

---

¹) Bezüglich der dem Sozomenus und Theodoret gemeinsamen Quelle, die kirchenhistorischer Natur gewesen zu sein scheint, möchte ich die Vermuthung aussprechen, daß es die Ἱστορία χριστιανική des Philippus Sibetes war, das einzige umfassende kirchenhistorische Werk, von dem wir in der betreffenden Zeit etwas hören, und dessen Interesse sich um so mehr auf den Arianismus der Gothen erstrecken mußte, als es zu Constantinopel verfaßt ist (Socrates l. VII. c. 26 f.), wo zugleich die beste Gelegenheit war, die im Sozomenus uns aufbewahrten vorzüglichen Nachrichten über die Bedeutung des Ulfilas unter seinem Volke zu erhalten. Sokrates, der das Werk des Philippus als ein ungeheuerliches beschreibt (ibid. vrgl. Photius Bibl.), mag es mit Vorsicht benutzt haben, und so erklärt sich, daß er die betreffenden Nachrichten daraus nicht entnahm, da sie seiner andern Quelle durchaus widersprachen. Philippus schrieb außerdem nach 423 (Socrat. l. l.). Die theodoret-sozomenische Quelle mußte aber auch aus dem späteren Theile des Zeitraums von 381 — 440 stammen, da ihr derjenige noch vorausging, welcher die Acta des Nicetas zuerst in die Literatur einführte. Für den Letzteren möchte ich Theodorus von Mopsvestia halten, Bischof dieses Ortes von 392—428 (cf. Gaveus, bibl. hist. eccl. I. p. 385 Oxon. 1740.) Gothofredus in seinen Prologomenen zum Philostorgius (p. 18) rechnet ihn zu denen, die für Kirchenhistorie gearbeitet haben, doch habe ich nicht finden können, worauf sich Goth. dabei stützt. Mich bewegt zu meiner Vermuthung, daß er in seinen zahlreichen Schriften (cf. Fabric. Bibl. Gr. IX. 162, sqq.), in denen er gegen alle Schaaren der Häretiker kämpfend sich auszeichnete (Theodoret. hist. eccl. V. 40), wenn sie auch nicht unmittelbar kirchenhistorischer Natur waren, Gelegenheit haben mochte, die sonst unbedeutenden Acta des Heiligen von Mopsvestia zu solcher Bedeutung für die Kirchenhistorie zu bringen, zumal er gerade in der Zeit lebte, wo jene zuerst zur allgemeinen Kenntniß gebracht sein müssen. So ließe sich denn zum Schluß der ganze Zu=

Während die katholischen Kirchenhistoriker bezüglich des Ulfilas und seiner Wirksamkeit zum Theil so entstellenden Quellen gefolgt sind, so haben wir andererseits wohl eben so sehr zu bedauern, daß wir die Darstellung, welche Philostorgius, der arianische Glaubensgenosse des Ulfilas, vom Leben des Letzteren gab, nur in dem kurzen Auszuge des Photius besitzen. Der Zeit nach schrieb Philostorgius nicht später als die erwähnten Katholiken und Maximin, 60 Jahre etwa nach des Ulfilas Tode, und der uns vorliegende Auszug läßt immer noch so viel erkennen, daß Philostorgius selbst mit vielem Interesse über die Person des Ulfilas berichtete. Verdient doch auch der Letztere, von dem im Wesentlichen der Arianismus der Gothen und der ihnen verwandten Völker ausging, durch dessen Wirken diese Glaubenspartei am längsten im Reiche sich hielt, als sie sonst überall unterdrückt ward, von einem Geschichtsschreiber dieser schon unterdrückten Partei eine besondere Aufmerksamkeit. Λίαν δὲ τοῦτον τὸν ἄνδρα θειάζει sagt Photius vom Philostorgius.

Unter solchen Umständen hat letzterer doch wenigstens unter den Historikern bei weitem den größten Anspruch von vorn her-

---

sammenhang unter den einzelnen der von uns betrachteten Erzählungen etwa folgender Maaßen darstellen:

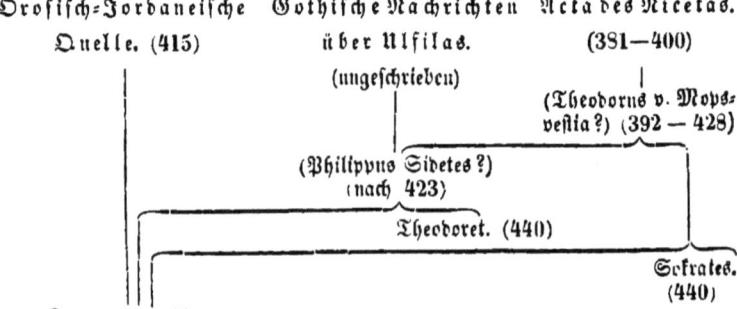

ein für den Glaubwürdigsten gehalten zu werden, wenn Einzelnes aus seinen Nachrichten im Auszuge auch seltsam erscheinen mag, und der Parteistandpunkt, den er einnahm, uns Vorsicht gebietet, wo es sich um wirkliche Parteifragen handelt ¹).

Nach der Erzählung vom Tode des Crispus und seiner Stiefmutter Fausta, woran eine Angabe über den bald darauf, wie Philostorgius erzählt, durch Vergiftung erfolgten Tod des Constantin selbst geknüpft ist, schreibt Photius ²):

„Um diese Zeit, sagt Philostorgius, habe Urphilas viel Volk von den jenseits des Ister wohnenden, jetzt Gothen genannten Skythen ins Römische herübergeführt, die ihres Glaubens wegen aus der Heimath vertrieben waren. Christianisirt sei das Volk auf folgende Weise. Unter der Herrschaft des Valerian und Gallien fiel eine große Schaar der jenseit des Ister wohnenden Skythen ins Römische ein, durchzog einen großen Theil Europas, kam übersetzend selbst nach Asien, Galatien und Kappadokien, machte viele Gefangene, worunter sich auch einige Kleriker befanden, und kehrte mit großer Beute heim. Das gefangene gläubige Volk bekehrte nicht wenige aus dem Heidenthum durch ihren Umgang mit den Barbaren. Zu dieser Gefangenschaft gehörten auch die Vorfahren des Urphilas, Kappadokier von Geschlecht, aus der Nähe der Stadt Parnassus aus einer Ortschaft genannt Sadagolthina. Dieser Urphilas war nun der Anführer der Auswanderung der Gläubigen und der erste Bischof derselben. Er ward es aber so. Von dem Herrscher des Volkes zu Constantins Zeiten zur Gesandtschaft mit anderen abgeschickt (denn auch die dortigen Barbaren hatten sich dem Kaiser unterworfen) wird er vom Eusebius und den mit ihm versammelten

---

¹) Wenn auch Photius in seiner Bibliothek Nr. 40 den Philostorgius einen Lügner schilt, der Alles anders erzähle, als die übrigen Kirchenhistoriker, so kann doch diese Kritik des spätern Katholiken für uns nicht ohne Weiteres maaßgebend sein.

²) Epit. II, 4.

Bischöfen für die Christen im Getischen ordinirt; und wie er im Uebrigen für diese sorgte, so erfand er auch eine eigene Schrift, und übersetzte in ihre Sprache die Bibel, außer den Büchern der Könige, weil diese die Geschichte der Kriege enthielten, jenes kriegs= liebende Volk aber mehr eines Zügels der Kriegslust bedürfe, als eines Sporns. — — Der Kaiser siedelte aber das freiwillig kommende Volk in den Gegenden Mösiens an, wo jeder wollte, und hielt den Urphilas in großen Ehren, so daß er ihn oft den Moses unserer Zeit nannte. Er (Philostorgius) preist diesen Mann aber sehr und schreibt, daß er und die ihm Untergebenen seines (des Philostorgius) häretischen Glaubens gewesen wären".

Da diese Erzählung so ziemlich am Anfang des 2. Buches steht, welches noch bis zum Schluß von den Ereignissen unter Constantin handelt, so läßt sich allerdings nicht läugnen, daß in ihr die Einwanderung des Ulfilas noch in eben jene Zeit, also vor 337, gesetzt zu sein scheint, und zwar fassen wir die an der Spitze der Erzählung stehenden Worte κατὰ τούτους χρόνους genau, in den Zeitraum von 326—328, weil die Erzählung zwi= schen dem Tode des Crispus und der Zurückberufung des Euse= bius von Nicomedien aus dem Exil steht, während wir doch wissen, daß jene Einwanderung erst im Jahre 348 stattgefunden hat. Da aber andererseits Philostorgius der Einzige ist, der von der Einwanderung der Kleingothen als αὐτόμολοι Richtiges zu sagen weiß und so besonders und wohl stimmend zu dem, was wir durch Auxentius erfahren, unterrichtet ist von dem Benehmen der kaiserlichen Person jenem Volke gegenüber, so ist kaum denkbar, daß er selbst den Constantius mit Constantin wirklich verwechselt habe. Da wäre weit mehr als bloß die Namen verwechselt. Von vorn herein liegt es deßhalb nah die Ungenauigkeit ledig= lich auf Rechnung des Auszugs zu schreiben. Dazu kommt denn, daß wir bei den Kirchenhistorikern es häufiger antreffen, daß sie das stofflich Zusammengehörige, wo es angeht, in laufender Er= zählung gleich zusammen fassen, ohne immer die chronologischen Unterbrechungen bis ins Einzelne zu berücksichtigen. Es ist das erklärlich schon durch die Art ihres Stoffs, der nicht wie in der Profangeschichte, die sich meistens nur mit Gegenständen beschäftigte, die Kaiser und Reich betrafen, stets einen laufenden Faden für die Darstellung besaß, und dadurch öfter ein Vor= oder Zurückgreifen nöthig machte. Weniger von Bedeutung mag, um ein Beispiel anzuführen, die schon erwähnte Angabe vom Tode des Constantin im 4. Capitel des 2. Buches sein, aber man vergleiche, daß es nach Buch II. C. 10 im Auszuge aus Philostorgius scheint, als wenn Eusebius von Nicomedien noch unter Constantin zum Bischof von Constantinopel gemacht sei, was Philostorgius um so weniger gemeint haben kann, als er den zu Nicomedia sterbenden Constantin sein Testament dem $E\mathring{v}\sigma\varepsilon\beta\acute{\iota}\omega$ $\tau\tilde{\omega}$ $N\iota\varkappa o\mu\eta\vartheta\varepsilon\acute{\iota}\alpha\varsigma$ übergeben läßt [1]). Er anticipirt in II, 10 lediglich, weil er gerade vom Tode Alexanders, eines Vorgängers des Eusebius, spricht; aber der Auszug läßt dies Verhältniß nicht durchblicken vermittelst seiner abgerissenen Form. So scheint man mir dem Philostorgius ein großes Unrecht zu thun, wenn man dieselbe Beurtheilung ihm nicht bei Gelegenheit des Ulfilas zu Theil werden läßt, dessen vollständige Geschichte unter Constantin schon erzählt wird, weil ein für seine Geschichte und die Auffassung des Philostorgius wichtiges Factum sich damals ereignete; denn so viel steht nach dem Auszuge fest, daß Philostorgius den Ulfilas mit einer Gesandtschaft an den Hof des Constantin kommen ließ.

Die Auffassung des arianischen Geschichtsschreibers ist hier aber von besonderer Wichtigkeit für die ganze Erzählung, und müssen wir ihre Betrachtung voranstellen, selbst um zu begreifen, wie sie auf die Einrückung der Erzählung an jener Stelle von Bedeutung war. Das der obigen Erzählung vom Urphilas unmittelbar folgende Capitel 6 spricht von den „innern Indern", die einst vom Apostel Bartholomäus im Christenthum unterrichtet seien und des $\dot{\varepsilon}\tau\varepsilon\varrho o\acute{\iota}\sigma\iota o\nu$ bekenneten. Theophilus der Inder habe denselben Glauben gehabt, und sei zu ihnen gereist um ihren Glau-

---

[1]) Phil. hist. eccl. II, 17.

ben zu leiten. Wir erfahren lib. III. c. 4, daß dieser Theophilus einst als indische Geisel an den Hof des Constantin gekommen war, und später von Constantin heimgesandt wurde. Vergleichen wir damit, daß von Ulfilas keineswegs gesagt wird, daß er von Eusebius etwa bekehrt sei, daß er bei Photius als Christ und somit als Arianer am Hofe des Constantin auftritt, so sieht man hier deutlich, daß Philostorgius durch zwei eclatante Beispiele die Haupttendenz seines Werkes belegen will, nach welcher der Arianismus das Urchristenthum war. Der im Jahre 267 nach Gothien gewanderte Glaube erscheint im Ulfilas als der rein arianische wieder, wie nun gar die Lehre des Apostels selbst zu eben derselben Zeit am Hofe des Constantin wieder vertreten ist durch den Inder Theophilus.

Niemand wird glauben, daß das Zusammenstehen dieser Nachrichten zufällig ist, zumal da auch Theophilus in des Constantin Zeiten nur wegen seiner damaligen Ankunft am Hofe erwähnt sein kann; denn seine eigentliche Geschichte, lang und wunderbar, spielt erst unter Constantius, auf dessen Befehl er als Gesandter und Missionär nach Arabien und seiner Heimath reiste. Später kehrte er wieder zurück und hatte noch vielerlei bedeutende Erlebnisse im römischen Reiche [1]), so daß die Darstellung seines ganzen Lebens nicht gleich bei seinem ersten Auftreten vollständig anticipirt werden konnte, während die Umstände, die bezüglich des Ulfilas zu erzählen waren, nirgends in die anderweitige Historie eingriffen und ungetrennt gleich bei seiner ersten Einführung zusammengefaßt werden konnten.

Halten wir also daran fest, daß das Motiv, die Angaben über diese beiden Ausländer zunächst unter Constantin zu setzen, in der äußeren Gleichmäßigkeit ihrer Geschicke bezüglich ihrer Ankunft am Hofe des Constantin liegt, und zweitens in jener tendenziösen Auffassung des Christenthums der beiden respectiven Völker, so ist es andererseits selbstverständlich, daß Philostorgius,

---

[1]) Man vergl. die über ihn handelnden Capitel von III, 4 an bis IV, 18.

da es seinen wesentlichsten Gesichtspunkt betraf, sich näher darüber
ausließ, während der Auszug des Photius sich nur mit Factischem
beschäftigend nicht weiter darauf eingeht. So erklärt es sich denn,
daß wir über die Chronologie der Facta nicht unmittelbar durch
Photius unterrichtet werden.

Wenn daher sein Bericht mit der Einwanderung unter Con-
stantinus, nicht aber mit der Gesandtschaft des Ulfilas beginnt,
so hat man ersteres lediglich als die einleitende Erklärung der
Personen, um die es in der nachfolgenden Erzählung sich handelt,
zu fassen [1]). Nicht alle Gothen waren damals Christen, und zunächst schloß sich der Arianismus nur an die Einwandernden an,
weßhalb es denn am Schluß des Auszugs heißt, Philostorgius
sage, der Glaube des Urphilas und der ihm Untergebenen
sei der seinige gewesen, und so erklärt sich der Gang der folgenden Erzählung, die nach jenen einleitenden Worten erst mit der
frühsten Christianisirung der Gothen zur Zeit Galliens beginnt,
und darauf erst zum Ulfilas übergeht, der mit einer Gesandtschaft
zum Constantin kam.

Einen weiteren Widerspruch hat man darin finden
wollen, daß es im Auszuge heißt: $\dot{\varepsilon}\pi\dot{\iota}$ $\tau\tilde{\omega}\nu$ $K\omega\nu\sigma\tau\alpha\nu\tau\dot{\iota}\nu\upsilon\upsilon$
$\chi\rho\dot{o}\nu\omega\nu$ $\dot{\alpha}\pi\sigma\sigma\tau\alpha\lambda\varepsilon\dot{\iota}\varsigma$ $\dot{\upsilon}\pi\dot{o}$ $E\dot{\upsilon}\sigma\varepsilon\beta\dot{\iota}o\upsilon$ $\varkappa\alpha\dot{\iota}$ $\tau\tilde{\omega}\nu$ $\sigma\dot{\upsilon}\nu$ $\alpha\dot{\upsilon}\tau\tilde{\omega}$
$\dot{\varepsilon}\pi\iota\sigma\varkappa\dot{o}\pi\omega\nu$ $\chi\varepsilon\iota\rho\sigma\tau\sigma\nu\varepsilon\tilde{\iota}\tau\alpha\iota$, indeß ohne Grund; denn Ulfilas
war unserer obigen Zeitbestimmung nach beim Tode des
Constantin immer schon 26 Jahr alt, und grammatisch ist es
keineswegs, zumal es nur die Angabe eines Auszugs ist, noth-
wendig in $\dot{\alpha}\pi\sigma\sigma\tau\alpha\lambda\varepsilon\dot{\iota}\varsigma$ und $\chi\varepsilon\iota\rho\sigma\tau\sigma\nu\varepsilon\tilde{\iota}\tau\alpha\iota$ etwas Gleichzeitiges zu
sehen. „Ulfilas, der zu Constantins Zeiten an den Hof gekommen
war, ward von Eusebius geweiht," so dürfen wir den Satz ver-

---

[1]) Das $\varkappa\alpha\tau\dot{\alpha}$ $\tau\sigma\dot{\upsilon}\tau\sigma\upsilon\varsigma$ $\chi\rho\dot{o}\nu\sigma\upsilon\varsigma$ ist entweder als ein Zusatz des Photius
zu fassen, der in der Reihenfolge der Erzählungen eine chronologische Bestimmung
sah, wie man sie öfters ähnlich in Geschichtswerken voraussetzt, oder es hat,
was mir noch wahrscheinlicher ist, Philostorgius gesagt, um diese Zeit habe sich das
Urchristenthum am Ulfilas, jenem Anführer der gothischen Einwanderung, erwiesen.

stehen. Freilich hat dann Photius die Voraussetzung gemacht, daß Ulfilas inzwischen nicht wieder in seine Heimath zurückkehrte. Da letzterer nun im Jahre 341 Bischof ward, so hat er wenigstens eine Reihe von Jahren vorher schon im Reiche gelebt. Ferner da der Ausdruck ὑπὸ Εὐσεβίου καὶ τῶν σὺν αὐτῷ ἐπισκόπων auf das Bestimmteste eine Synode bezeichnet, so folgt unmittelbar, daß Ulfilas auf der im Jahre 341 von den Semirianern abgehaltenen Synode zu Antiochia, auf welcher Eusebius von Nicomedien das unbestrittene Haupt war, zum Bischof geweiht ist. Ja wir dürfen sogar umgekehrt schließen. Weil der obige Ausdruck des Photius nur erlaubt an Eusebius von Nicomedien zu denken [1]), so kann auch abgesehen von unserer obigen Untersuchung über die Zeitbestimmung des Ulfilasschen Lebens nach den Berichten des Auxentius, Ulfilas nicht später als 341 zum Bischof geweiht sein, da jener Eusebius 341 starb. So bestätigt sich nicht bloß durch ein wichtiges und völlig unabhängiges Zeugniß unsere obige Zeitbestimmung nach Auxentius, sondern auch unser Urtheil über die Stellung, welche Philostorgius der Erzählung vom Ulfilas gegeben hat; denn wenn Philostorgius oben gut unterrichtet war von den Umständen der Aufnahme der Flüchtigen, und hier von den Umständen der Bischofsweihe des Ulfilas, so wäre es doch gar zu seltsam, wenn er in der Chronologie allein so ganz exorbitante Fehler gemacht hätte. Man bedenke wohl, daß streng nach der Darstellung des Photius das erwähnte Concil noch vor die Einwanderung, also mindestens noch vor 328 hätte fallen müssen. Weiter sind wir aber jetzt auch im Stande wenigstens eine der von Auxentius gemachten Zahlenangaben noch näher zu controliren. Das Concil von Antiochia muß nämlich gleich im Monat Januar abgehalten sein. Daß es überall im Winter geschah, ist schon deshalb wahrscheinlich, weil Con-

---

[1]) Es fand in dem in Frage kommenden Zeitraum (40 Jahre vor irgend einem Jahre aus dem Anfange der Regierungszeit Theodosius des Großen) kein Concil statt, auf welchem ein anderer Eusebius das Haupt gewesen wäre.

ſtantius, der auf dem Concile gegenwärtig war, Sommers gegen die Perſer zu Felde zog. Es ward außerdem auf jenem Concile Athanaſius von Alexandrien abgeſetzt und ihm in dem Kappadokier Gregor ein Nachfolger gegeben. Wenige Monate darauf trat man aber von Neuem zuſammen, und das auf dieſer zweiten Zuſammenkunft verfaßte Bekenntniß ward von jenem Gregor als Biſchof von Alexandrien unterſchrieben, obgleich derſelbe, wie beſonders erwähnt wird, noch nicht in Alexandrien geweſen war ¹). Weiter berichtet nun Athanaſius ²) ſelbſt, daß Gregor zu Oſtern ſchon in Alexandrien angekommen war. Da Oſtern in jenem Jahre auf den 19. April fiel, ſo verlangt ferner der Zwiſchenraum von wenigen Monaten, der zwiſchen den beiden Zuſammenkünften der Biſchöfe lag, daß die erſte dieſer beiden ſchon in den Januar fiel ³).

Wenn nun Ulfilas volle 40 Jahre Biſchof geweſen iſt, und vor dem 10. Jan. 381 ſtarb, ſo ſtimmt alles dahin überein, daß das Concil von Antiochia in den erſten Tagen des Januar ſtattfand, ſo daß Auxentius in der betreffenden Angabe der Zahl in der That ganz exact geweſen iſt. Ob nun auch die Theilung dieſer Zahl in reſp. 7 und 33 Jahre auf dieſelbe Weiſe zu verſtehen iſt, läßt ſich heut zu Tage nicht mehr entſcheiden, da wir beſonders über den betreffenden Winter 347/8 ſehr ſchlecht unterrichtet ſind. Zu bemerken iſt nur, daß der winterliche Uebergang über die Donau an ſich der genauen Faſſung der Zahlenangaben nicht widerſpricht; die feindlichen Einfälle der Gothen geſchahen

---

¹) Socrates, hist. eccl. I, 10.   ²) Athanas. apol. de fuga sua c. 6.
³) Zur Zeit der zweiten Zuſammenkunft ſcheint Euſebius ſchon todt geweſen zu ſein. Wenigſtens ſtarb er ſchon kurze Zeit nach dem eigentlichen Concile, und Maris ſowohl als Theodorus werden unter denen genannt, die ſeinen Nachfolger Macedonius einſetzten (Socr. I, 12. Sozom. III, 7). Beide waren aber unter der Geſandtſchaft, welche eben von jener zweiten, wohl nur kleineren, Zuſammenkunft zum Conſtanz nach Gallien geſandt wurde. (Athanas. de syn. c. 25). Da aber Narciſſus und Markus, ihre Mitgeſandten bei der Einſetzung des Maced. nicht zugegen waren, ſo kann letztere auch wohl nicht auf jener Reiſe ſtattgefunden haben.

wenigstens sehr oft vermittelst der zugefrorenen Donau, wie denn Libanius [1]) ein oder zwei Jahre [2]) vor der Einwanderung des Ulfilas sagt: „Vor den Skythen waren wir nur dann sicher, wenn ein Wunsch erfüllt ward, und der war, daß das Eis des Ister nicht fest werden möge." Wenn wir aber bei dem Zustande der uns erhaltenen Quellen in der Geschichte keinen Anhaltspunkt finden können für die Einwanderung selbst, so möchte ich doch bemerken, daß das höchst auffallend wäre, wenn sie, wie es die Ansicht von Waitz verlangt, 355 stattgefunden hätte; denn vom Jahre 353 an haben wir den sehr ausführlichen und gleichzeitigen Berichterstatter Ammianus Marcellinus, der bei seiner eingehenden Art die geschichtliche Bedeutung der Einwanderung eines großen Volkes gerade in Thracien und Mösien doch schwerlich übergangen hat. Ob er im 31. Buche, Cap. 6 darauf anspielt, wenn er daselbst Sueridas et Colias Gothorum optimates cum populis suis longe ante recepti, die um 376 in Hadrianopel saßen, erwähnt, ist nicht zu entscheiden [3]).

---

[1]) Orat. in Constantium et Constantem. p. 303 ed. Reiske. T. III.

[2]) Diese Zeitbestimmung der Rede folgt gerade daraus, daß Libanius die Einwanderung der Gothen noch nicht kennt. Er schildert nämlich das Verhältniß des Kaisers zu den Gothen, und die Hülfsleistung der letztern in einer solchen Weise, speciell um die Weisheit des Kaisers darzustellen, daß es geradezu unbegreiflich wäre, wenn er die Einwanderung eines „immensen" Volkes der Gothen gekannt und darüber geschwiegen hätte, zumal er noch als ein besonderes Lob des Kaisers hervorhebt, daß dieser Thracien den Ackerbauern wiedergegeben und gefangene Perser darin angesiedelt hätte. Da man den Zeitpunkt der Rede nach der darin enthaltenen Schilderung der Schlacht bei Singara, welche Hieronymus und Jdatius ins Jahr 348 setzen, bestimmt hat (Tillem. hist. des emp. T. V Not. 13 sur Constance.) so folgt nur, daß die genannten Gewährsmänner sich geirrt haben, während Julian, der hier jedenfalls die bessere Autorität ist, die Schlacht 5 Jahre vor den Tod des Constanz fallen läßt, also ins Jahr 345.

[3]) Waitz. a. a. O. S. 46. Anm. 1. weist es entschieden ab. Wenn Philostorgius sagt, der Kaiser habe die Einwanderer angesiedelt, wo jeder wollte,

Auf das Alter des Ulfilas bei seiner Bischofsweihe kommen wir hernach noch zurück. Durch Auxentius steht jedenfalls so viel fest, daß er damals Lector war, und fassen wir die Worte „Hic Dei providentia et Christi misericordia propter multorum salutem in gente Gothorum de lectore tringinta annorum episcopus est ordinatus" in ihrem natürlichsten Sinne, so ist Ulfilas auch Lector unter Gothen gewesen. Selbst auf den Fall, daß man das in gente Gothorum lediglich auf multorum (salutem) beziehen will, bleibt kaum etwas anders übrig; denn so unzweifelhaft dann das alleinstehende episcopus doch als Bischof unter den Gothen aufzufassen ist, so nothwendig wird der unbefangene Leser das de lectore in gleichem Sinne verstehen. Das Einfachste bleibt es aber doch immer jenes in gente Gothorum seiner Stellung wegen als Localbestimmung sowohl des Vorhergehenden, als des Nachfolgenden zu fassen. Diese natürlichste Auffassung des Satzes bekommt außerdem noch eine Stütze, wenn es gleich darauf heißt: iste beatus tanquam profeta est manifestatus et sacerdos Christi ordinatus, ut regeret et corrigeret et doceret et aedificaret gentem Gothorum, womit doch keineswegs die Thätigkeit eines ersten Missionairs bezeichnet ist, oder auch nur eines solchen, der bis dahin außerhalb des gothischen Volkes und Christenthums gestanden hatte [1]).

Haben wir aber andererseits gar keinen Grund von der Angabe des Photiusschen Auszugs abzugehen, nach welcher Ulfilas die letzten Jahre vor seiner Bischofsweihe im Reiche zubrachte, so bleibt nichts anders übrig, als daß er unter Gothen, die schon damals im Reiche sich aufhielten, jenes Lectoramt versehen hat. Zunächst möchte ich hier als auf ein Analogon darauf hinweisen, daß später (zwischen 397—405) Johannes Chrysostomus, der Bischof

---

so ist des Jordanes Angabe, daß letztere in regione Nicopolitana gewohnt hätten, wohl nicht streng auf die ganze Masse, sondern auf die Hauptmasse zu beziehen.

[1]) Vergl. auch Waitz. a. a. O. S. 35.

von Constantinopel, für die zum Katholicismus zu bekehrenden arianischen Gothen in jener Stadt Presbyter, Diakonen und Lektoren gothischen Stammes anstellte [1]), die also, da sie keinen besondern Bischof weiter hatten, im Uebrigen zur Gemeinde des constantinopolitanischen Bischofs gehörten. Daß ferner unsere obige Annahme in Bezug auf die Anwesenheit von Gothen im Reiche vor 341 überall möglich ist, wird Niemand bestreiten. Schon an und für sich ist es wahrscheinlich, daß bei der Nähe der gothischen Sitze mancher Gothe damals sich zu den Römern begeben hatte, speciell aber kommt hinzu, daß eben in den ersten Jahren [2]) des Constantius ein gothisches Heer die Römer gegen die Perser unterstützte, und schon Constantin begann solche Fremdlinge im Reiche zu halten. Ziehen wir ferner in Betracht, daß es Eusebius war, der den Ulfilas weihte, und der den Inder Theophilus zum Diakonus machte — die Entsendung des letztern selbst konnte wohl nicht mehr von ihm ausgehen, da nach dem Auszuge des Photius zu urtheilen diese zwischen 341 und 346 fiel [3]) — so werden wir schwerlich zu weit gehen, wenn wir annehmen, daß es ein großartiger Plan des Eusebius war, dem Christenthume unter den Völkern des Nordens und Südens Eingang zu verschaffen, je nach der Gelegenheit, die sich ihm darbot. Daß man unter solchen Umständen vor Allem auf die im Reiche anwesenden Gothen zu wirken suchte, die dem ganzen Einfluß der sie umgebenden christlichen Welt ausgesetzt waren, ist schwerlich abzuweisen. Indessen habe ich dadurch nur die allgemeine Möglichkeit eines gothischen Lectoramts im Reiche vor 341 darzuthun gesucht, aber man fasse nun weiter ins Auge, daß Ulfilas nach seinem eigenen Bekenntnisse stets Arianer gewesen ist, daß er also,

---

[1]) Theodoret hist. eccl. l. V. 30.

[2]) Libanius in der oben erwähnten zwischen 345 und 348 gehaltenen Rede sagt πάλαι ἐξῆλθε στρατόπεδον σκυθικόν — τῇ δὲ δυνάμει Περσῶν ἀντιταξόμενον; der Perserkrieg begann im Jahre 338.

[3]) Phil. hist. eccl. III. 3. u. 12.

wenn er Lector war, auch schon damals nur an einer arianischen Kirche im Dienste gestanden haben kann. Mithin müßte schon vor seiner Bischofsweihe eine arianische Kirche in der Heimath der Donaugothen existirt haben, wenn er in letzterer Lector gewesen wäre, ein Punkt, der um so unwahrscheinlicher ist, als wenigstens so viel nach Philostorgius feststeht, daß Ulfilas der erste arianische Bischof der Gothen war, wenn jener Gewährsmann auch, verleitet von seiner Tendenz, schon vorher arianische Christen unter den Donaugothen voraussetzt. Dazu kommt denn, daß Ulfilas, der die gothische Schrift erfand und die Bibel übersetzte, solche Arbeiten doch gewiß nicht als Laie gemacht hat, und da das Lectoramt die niedrigste Stufe des klerikalen Dienstes bildete und ein gothisches Lectoramt die Uebersetzung voraussetzt, so bleibt doch nichts anders übrig, als daß Ulfilas als Lector sein großartiges Werk unternahm. Freilich kann man es nicht für eine positive Unmöglichkeit halten, daß der jugendliche Lector jenes bedeutungsvolle, für das große Bekehrungswerk entscheidende, jedenfalls aber sehr schwierige Unternehmen auf eigene Hand in seiner Heimath ausgeführt hat [1]), aber da doch das unverfäng-

---

[1]) Mit der Bemerkung des Philost., daß Ulfilas die Bücher der Könige nicht übersetzt habe — möge auch die angegebene Ursache dahin gestellt bleiben — ist jedenfalls zu vergleichen, wenn der massilische Presbyter Salvianus (De gubern. Dei. lib. 5.) sagt: Ac per hoc jam non eadem [scripta, quae nostri, legunt barbari], quia non possunt penitus dici ipsa, quae sunt in aliqua sui parte vitiata; incolumitatem enim non habent, quae plenitudinem perdiderunt. — Nos ergo tantum scripturas sacras plenas inviolatas integras habemus — — caeterae quippe nationes aut non habent legem Dei, aut debilem et convulneratam habent, aut per hoc, ut diximus, non habent, quia sic habent: nam si qui gentium barbararum sunt, qui in libris suis minus videantur scripturam sacram interpolatam habere vel laceratam, habent tamen veterum magistrorum traditione corruptam. Er spricht hier von den Barbaren um ihre Häresie damit zu entschuldigen, daß sie's nicht besser wissen könnten. Die Gothen sind dem Zusammenhange nach jedenfalls mit darunter verstanden, und sie sind wohl die-

liche Zeugniß, von dem wir ausgingen, verlangt, daß Ulfilas die letzten Jahre vor seiner Bischofsweihe im Römischen Reiche lebte, so tritt doch Alles in den natürlichsten Zusammenhang, wenn er unterstützt durch die Hülfsquellen, die die ihn umgebende griechisch christliche Welt ihm darzubieten vermochte, seine Arbeit begann. Es kann uns gleichgültig bleiben, ob es zu Constantinopel unter den Augen des Eusebius selbst geschah, oder ob Ulfilas unter den Gothen sich aufhielt, die den Kaiser begleiteten, immer erklärt sich, wie er zu Antiochia vom Eusebius zum Bischof befördert wurde, während es doch seltsam erschiene, wenn ein in der gothischen Heimath lebender Lector, dessen Existenz unter solchen Umständen mindestens noch höhere Chargen des kirchlichen Dienstes unter den dortigen Gothen voraussetzt, die Augen der im fernen Syrien versammelten Bischöfe so auf sich zog, daß sie gerade ihn zum ersten Bischof der Gothen bestimmten und gerade in dem Zeitpunkte seines Lebens, in seinem 30. Jahre, in welchem es nach den Bestimmungen der Kirche überall erst erlaubt war [1]) die Bischofsweihe zu erhalten. Hier, meine ich, blickt die ursprüngliche Absicht deutlich durch. Der einst als Gesandter zum römischen Hof gekommene Gothe blieb im Reiche, ward Christ und zwar Arianer, er wurde dem klerikalen Dienst gewonnen, um einst seine Landsleute daheim zu bekehren, und wurde deshalb heimgesandt in demselben Augenblicke, wo es möglich war ihm die nöthigen Functionen zu übertragen. Bis dahin war er unter den Gothen des Reiches beschäftigt, die innerhalb der Kirche des Reiches nur eines Lectors gothischer Nation bedurften, und deren erster Lector überall nur der Uebersetzer der Bibel gewesen sein kann. Gerade daß er vom Lector zum Bischof von der untersten Stufe zur höchsten

---

jenigen, deren Bibel weniger unvollständig war. Den Vorwurf der Verfälschung und Interpolirung der gothischen Bibel können wir nach den uns vorliegenden Fragmenten zurückweisen, zumal es sich leicht begreift, wie der maaßlose Parteihaß bergl dem Gegner aufbürden konnte.

1) Seit der Synode zu Neocäsarea im Jahre 314.

befördert ward — man vergleiche, daß der Juder Theophilus, dessen Verhältnisse zu seinem im Reiche keinesfalls vertretenen Volke ganz anders sein mußten, vor seiner Entsendung Diakonus war — das, meine ich, erklärt sich am Besten, wenn beide Stellungen im engen Zusammenhange mit den Bedürfnissen standen, die zu befriedigen waren, und während ich einerseits mich davon nie werde überzeugen können, daß in den einzelnen uns überlieferten Ereignissen, die wir in vorliegender Deduction in Betracht zogen, keine Planmäßigkeit sollte gelegen haben, zumal eine solche unmittelbar den scheinbaren Widerspruch hebt, der in den zwei unverwerflichen Zeugnissen des Auxentius und Philostorgius liegt, so wage ich nun schließlich eine andere Stelle des Auxentius als unmittelbaren Ausspruch dessen zu fassen, was wir eben durch Combinationen für das Wahrscheinlichste hielten. Der genannte Gewährsmann fährt nach den Worten ut regeret — gentem Gothorum [1]) fort: quod et Deo volente et Christo auxiliante per ministerium ipsius admirabiliter est adimpletum et sicuti Josef — — — ita et iste sanctus, ipsius Christi dispositione et ordinatione et in fame et penuria predicationis indifferenter agentem ipsam gentem Gothorum secundum evangelicam et apostolicam et profeticam regulam emendavit et vivere docuit et christianos, vere christianos esse manifestavit et multiplicavit. Jenes „im Hunger und Mangel der Predigt gleichgültig lebende" Volk war das noch ohne Kirche existirende [2]); und somit erhält das hinzugesetzte ipsam seine charakteristische Bedeutung. Unter Gothen war Ulfilas stets wirksam gewesen, seit seiner Bischofsweihe arbeitete er aber unter dem Volke der Gothen selbst, nachdem es bis dahin noch ohne Predigt gelebt hatte. Man konnte die Stelle übersehen, so lange der Bezug derselben nicht anderweitig klar

---

[1]) S. S. 105.

[2]) In fame predicationis kann nicht so viel bedeuten als begierig nach der Predigt, denn das Volk lebte indifferenter; fames ist daher gleichbedeutend mit penuria.

ward, während sie den Zuhörern des Aurentius zu Constantinopel, speciell dem Kaiser keine Schwierigkeit des Verständnisses darbot.

Schließlich aber möchte ich bemerken, daß der großartige Erfolg des Ulfilas, der nach siebenjähriger Wirksamkeit ein großes Volk gothisch-arianischer Christen aus seiner Heimath ins Römische überzusiedeln vermochte, bei Weitem am Natürlichsten erscheint, wenn Ulfilas mit der geordneten Kirche der im Reiche Bekehrten in der Heimath schon aufzutreten im Stande war und daß des Philostorgius Ausdruck, Ulfilas sei zum Bischof der (arianischen) Christen ἐν τῇ Γετικῇ gemacht, wenn auch der Tendenz nach willkührlich benutzt, doch in erster Bedeutung so weit richtig ist, als der rückkehrende Bischof gewiß von Begleitern unterstützt ward, falls er überall unter den Gothen im Reiche als Lector, wie wir es oben gefaßt haben, gewirkt hatte. —

Somit können wir denn zu einer letzten Frage übergehen, bezüglich der Herkunft unseres Bischofs, über die es dem Philostorgius freilich gerade im bedenklichsten Zusammenhange mit seiner Tendenz genauere Auskunft zu geben beliebt hat.

Die Vorfahren des Ulfilas sollen nach ihm christliche Kappadokier gewesen sein, die von den Gothen zur Zeit Galliens aus Sabagolthina nicht weit von Parnassus, einer Stadt nahe der galatisch-kappadokischen Grenze [1]), in Gefangenschaft geschleppt wurden.

Vorab muß ich aber doch bemerken, daß die Nachricht eine von der Art ist, die überall einer besonderen Beglaubigung bedarf, und wenn wir auch für die übrigen den Ulfilas betreffenden Nachrichten des Philostorgius durchgängig genügende Bestätigungen gefunden haben, so sind wir dadurch doch keineswegs verbunden unserem Autor auch für solche Dinge Glauben zu schenken, für welche einerseits nicht die historische Beobachtung die Quelle gewesen sein kann, und die andererseits doch gar zu sehr

---

[1]) Siehe die Itiner. Antonini und Burdigalense.

den Zwecken einer noch dazu fehlerhaften Tendenz entsprechen. Waitz¹) ist freilich der Ansicht, daß, weil Philostorgius selbst aus Kappadokien war, er besonders von jenem Verhältnisse unterrichtet sein konnte. Indessen kann ich diesen Grund doch nur gelten lassen bezüglich der Gefangennahme kappadokischer Christen, nicht aber bezüglich der Existenz eines Enkels derselben, der 44 Jahre später im fernen Gothenlande geboren wurde. Das vorliegende Zeugniß müßte, um ihm unbedingten Glauben schenken zu können, mindestens auf Ulfilas selbst zurückgeführt werden, in dessen Familientradition jene specielle ursprüngliche Heimath festgehalten wäre.

Die sämmtlichen Nachrichten der Kirchenhistoriker über Ulfilas liegen aber doch so zerstückelt vor, und tragen, auch wenn wir darauf Rücksicht nehmen, daß wir des Philostorgius Angaben nur im Auszuge besitzen, so sehr den Stempel der Unvollständigkeit, daß es schon an und für sich Bedenken erregt, wenn 60 Jahre nach seinem Tode uns etwas, was nur als Rest einer Ulfilasschen Familientradition Autorität haben könnte, als geschichtliches Factum angegeben wird. Indessen dürfte doch diese allgemeine Rücksicht auf die Quelle immer noch nicht entscheidend sein. Nun aber kommt erstens hinzu, daß es dem Philostorgius durchaus darauf ankam, daß das im Jahre 367 nach Gothien gewanderte Christenthum unter Constantin als Arianismus wieder zum Vorschein kam, und wie wesentlich es dabei war, daß Ulfilas, der Repräsentant dieses Arianismus, unmittelbar von jenen abstammte, die 267 das Christenthum nach Gothien brachten, leuchtet von selbst ein.

Zweitens steht zu beachten, daß wenigstens noch am Ende des 4. Jahrhunderts zu Cäsarea in Kappadokien Urkunden existirten über den Loskauf christlicher Kappadokier, die um's Jahr 267 von den Gothen gefangen waren. Basilius der Große (um 373) wußte noch Specielleres von dem Leben eines solchen Gefangenen, Namens Eutyches, und Ascholius, Bischof von Thessa-

---

¹) a. a. O. S. 36.

Ionike, wahrscheinlich von Julius Soranus aus Cäsarea, einem Verwandten des Basilius, darüber unterrichtet [1]), schreibt letzterem gerade bezüglich dieses Eutyches, daß der Same des Christenthums von Kappadocien aus zu den Gothen gekommen sei. Man kann wohl nicht zweifeln, daß Philostorgius, welcher letztere eben aus Kappadocien stammt, dieselben Quellen über dasselbe Factum benutzt habe. Ebenso wenig scheint es mir aber zweifelhaft, daß bei der großartigen Ausdehnung der verschiedenen gothischen Raubzüge in den Jahren 237—269 unter Gordianus, Philippus, Decius, Aemilianus, Valerianus und Gallienus, Claudius und Aurelianus christliche Gefangene so gut wie heidnische aus den verschiedensten Gegenden gemacht wurden, und daß der Mangel der Ueberlieferung lediglich darin liegt, daß aus andern Zeiten und in andern Gegenden entweder keine Urkunden der Art vorhanden oder den Kirchenhistorikern doch nicht vorlagen [2]). Die genaue An=

---

[1]) Aus den Briefen des Basilius (cf. vita Bas. in edit. Par. 1839. p. CLXXXII, epp. 70. 154. 155) und den Acta des heilig. Sabas (Act. SS. Apr. II p. 967) zu entnehmen.

[2]) Sozomenus (II, 16) erzählt: „Fast alle Barbaren erhielten das Christenthum zuerst in den Kriegen der Römer mit den auswärtigen Feinden unter der Herrschaft Galliens und seiner Nachfolger. Als nämlich damals eine unzählige Menge gemischter Völker aus Thracien übersetzend Asien durchzog, und andere Barbaren anderwärts gegen die angrenzenden Römer dasselbe thaten, wurden viele Priester Christi zu Gefangenen gemacht und lebten unter ihnen. Da diese die Kranken daselbst heilten, die Besessenen reinigten, indem sie den Namen Christi nannten und den Sohn Gottes anriefen, und da sie außerdem ein untadelhaftes Leben führten, und mit ihrer Tugend den Spott besiegten, so bewunderten die Barbaren diese Männer wegen ihres Wandels und ihrer Thaten und glaubten verständig zu thun und einen gewogenen Gott zu haben, wenn sie diejenigen, die ihnen Bessere zu sein schienen, nachahmten und Gott ebenso wie jene verehrten. So befahlen sie ihnen zu zeigen, was sie zu thun hätten, wurden unterrichtet und getauft und besuchten den Gottesdienst". Obgleich Sozomenus uns zu widersprechen scheint, so sieht man doch leicht, daß das eigentlich Thatsächliche seiner Darstellung so mit Philostorgius übereinstimmt, daß er nur den oben vorliegenden Fall verallgemeinert hat in demselben Sinne, in

gabe, daß solche Gefangene gerade aus Sobagolthina in der Nähe der Stadt Parnassus in Kappadokien nahe der galatischen Grenze stammten, kann daher bei Philostorgius nicht überraschen. Wogegen es doch als höchst seltsam erscheint, daß Ulfilas gerade von den Gefangenen der Zeit und der Gegend abstammen soll, aus welchen allein unter den vielen, wo, wie wir voraussetzen dürfen, Aehnliches geschehen war, der Zufall nachweisbar den Historikern anderweitige Nachrichten hinterlassen hatte.

Wenn wir also neben der geringen Authentität der Nachricht sehen, daß Philostorgius seinen Zwecken nach Grund hatte jene seine Angabe zu machen, und daß ihm Material vorlag, woraus er dieselben bequem seinen Zwecken nach umstellen konnte, und daß er immerhin einen scheinbaren Halt daran hatte, daß Ulfilas der griechischen, aber auch der lateinischen, Sprache ebenso Herr war, wie der gothischen, daß auch Selenas, der als Nachfolger des Ulfilas angegeben wird, phrygisch-gothischer Abkunft war und eben deshalb als zweier Sprachen mächtig zum Bischof ernannt ward [1]) — lauter Momente, die sowohl die Erklärung einer absichtlichen

---

welchem wir voraussetzten, daß Christen aller möglichen Gegenden damals gefangen wurden. Die Schilderung des Lebens der Priester unter den Barbaren, d. h., wie wir es thatsächlich fassen müssen, unter den Gothen, beziehe ich im Speciellen auf das Leben des Eutyches, von dem es im Briefe des Basilius (ep. 164) heißt: „Da du mich an den seligen Mann Eutyches erinnerst und unser Vaterland ehrwürdig machst als dasjenige, welches den Samen der Frömmigkeit streute, so erheiterst Du mich durch Erinnerung an Altes, betrübst mich aber durch die Gegenwart. Denn keiner von uns kommt dem Eutyches in der Tugend gleich, die wir so weit davon entfernt sind Barbaren durch die Macht des Geistes zu zähmen, daß wir nicht einmal ꝛc. —" Ich glaube nicht zu weit zu gehen, wenn ich annehme, daß auch Sozomenus nur die oben bezeichneten kappadokischen Urkunden benutzt hat. Waren doch die Briefe der Priester eine wesentliche Quelle der Kirchenhistoriker, wie sie Sozomenus selbst angiebt (l. I. 1. p. 327. Paris 1686 Vales.), und der Briefwechsel des Basilius machte eben mit der Existenz jener Urkunde bekannt.

[1]) Socrat. h. e. V, 23. Sozom. h. e. VIt, 17.

Fälschung als auch die einer gutgemeinten Combination erleichtern — so kommt noch als letztes und wohl als wesentlichstes Moment hinzu, daß es im hohen Grade unwahrscheinlich ist, daß die Gothen der Donau, um die es allein sich hier handelt, jemals bis Kappadokien vorgedrungen sind. Die Einfälle der Gothen ins Reich datiren vom Jahre 237.[1]). Zunächst wurde nur die Balkanhalbinsel heimgesucht. Erst seit 257 standen ihnen die Schiffe der Bosporanen zu Gebote. Die erste Seerxpedition betraf die östliche und südliche Küste des Pontos. Im folgenden Kriegszuge 259/60 setzte allerdings auch das Landheer von Thracien aus vermittelst der Fischerflotte, die sie in der Phileischen Bucht am Bosporus in Beschlag nahm, über den Bosporus nach Klein-Asien über, gelangte aber nur bis zum Rhyndacus. Die folgenden Einfälle geschahen 262/3 und 267. Sie waren großartiger Natur, indem gleichzeitig verschiedene Heere in Thracien und Asien einfielen. Bis nach Kappadokien kam man aber nur im Jahre 267, während gleichzeitig eine Flotte die griechischen Küsten und Inseln verwüstete und selbst Athen eroberte, und eine Landarmee viele und bedeutende Kämpfe gegen den Kaiser und seinen Feldherrn Markianus in Thracien zu bestehen hatte. Es ist doch schwer zu glauben, daß diejenigen Gothen, welche gerade an der Donau saßen, irgendwo anders damals gekämpft hätten, als in Thracien, während denn die Flotte, als deren Hauptaufbruchsplatz die Mäotis genannt wird, die Gothen und Heruler von der Krim aus nach Asien und den griechischen Küsten brachte. Unter solchen Umständen liegt es sogar am nächsten, daran zu denken, daß die gefangenen Kappadokier von der Flotte der Barbaren zur Krim geschafft wurden. In Zweifel zu ziehen, daß sie und besonders der Geistliche Eutyches unter ihnen mit ihrem Bekehrungswerke Erfolg hatten, sind wir durchaus nicht berechtigt. Des Basilius Zeugniß ist maaßgebend, und nun sollte ich denken, daß die angegebenen Umstände auf das

---

[1]) Das Folgende werde ich anderwärts im Einzelnen begründen.

Natürlichste den katholischen Glauben der Gothen auf der Krim erklären, der uns schon zeitig genug beglaubigt wird. 58 Jahre nach jenem Einfall in Kappadokien existirte ein gothischer Metropolitan=Bischof auf der Krim, denn als solcher hat sich Theophilus auf der Synode zu Nicäa unterschrieben. Wir lesen unter den uns vorliegenden Acten jenes Concils wenigstens die Unterschrift: Provinciae Gothiae: Theophilus Gothiae metropolis. und nach anderen Abschriften: De Gothis, Theophilus Bosporitanus. Die dortigen Gothen sind uns zuerst von Procopius näher geschildert als die sogenannten tetraxitischen Gothen, die zur Zeit des Hunneneinfalls schon längst jene Sitze gehabt hatten. Sie waren zu seiner Zeit Katholiken und wußten nicht, ob sie je wie die übrigen Stammesgenossen Arianer gewesen seien. Im 21. Jahre der Regierung Justinians erbaten sie sich vom Kaiser einen neuen Bischof, und auf sie allein kann es bezogen werden, was ähnlicher Art Johannes Chrysostomus seiner Zeit zwischen 405—409 schreibt. Wir lesen in seinem 14. Briefe, der von seinem Verbannungsorte Cucusus in Armenien aus an die Diaco=
nisse Olympias, welche sich damals von Constantinopel nach Klein=
Asien begeben hatte, gerichtet ist, er hätte durch gothische Mönche erfahren, daß Unila, der Bischof der Gothen, den er unlängst selbst geweiht hätte, gestorben sei, und daß der Diaconus Mo=
duarius auf der Reise sei, einen neuen Bischof von Constanti=
nopel aus sich zu erbitten. Es thut ihm leid, daß die damalige unwürdige Partei zu Constantinopel den neuen Bischof ordiniren soll, meint aber, das einzige, was sich seinerseits thun ließe, wäre durch eine Verzögerung der Reise des Gothen Zeit zu gewinnen. Möglich sei das wegen des Winters, so lange man doch nicht zum Bosporus oder dessen Gegend schiffen könne. Er bittet die Olympias für eine solche Verzögerung zu sorgen, oder gar, wenn es möglich wäre, den Moduarius zu ihm kommen zu lassen. Alles das ist doch nur denkbar, wenn Moduarius in Klein=Asien an=
gekommen war, und es kann der König, von welchem er, wie Johannes bemerkt, auch ein Schreiben mitbrachte, unmöglich etwa

Alarich, der Arianer, gewesen sein. Vielmehr erlaubt es die Reiseroute nicht anders, und stimmt der Katholicismus der betreffenden Gothen dazu, daß Moduarius aus der Krim kam, wo allein noch nach dem Einfall der Hunnen in Süd-Rußland Gothen zu finden waren. Unila konnte höchstens freilich erst 397, als in dem Jahre, in welchem Johannes Chrys. Bischof von Constantinopel ward, von letzterem ordinirt sein, aber wir haben gar keinen Grund, wenn Theophilus um 325 als bosporanischer Gothenbischof genannt wird, die Bekehrung der dortigen Gothen nicht weit früher zu setzen; denn keine Gegend, die von Gothen bewohnt war, stand mit dem Reiche in so naher Verbindung, als eben der Bosporus. Ja verstehe ich [1]) das Metropolis recht, so bezieht es sich darauf, daß Theophilus der Haupt-Bischof der Krim war im Gegensatz zum Domnus Bosporanus, welcher ebenfalls das nicäische Bekenntniß unterschrieb.

Neander [2]) bezieht auf die Gothen die schon vor dem nicäer Concile geschriebenen Worte des Athanasius [3]): „da auch jetzt die Barbaren, welchen die Wildheit der Sitten angeboren ist, so lange sie bei den Götzen opfern, gegen einander wüthen, und ohne Schwert keinen Augenblick bleiben können, wenn sie aber die Lehre Christi vernehmen, sogleich von dem Kriege zum Landbau sich hinwenden, statt ihre Hände mit dem Schwerte zu waffnen, sie zum Gebet emporheben und überhaupt von jetzt an statt gegen einander Krieg zu führen gegen den Satan sich waffnen, durch die Tugend der Seele ihn zu besiegen strebend. — Und das Wunderbare ist, daß sie auch den Tod verachten und um Christi willen Märtyrer werden". Man darf hier der Auffassung Neanders doch wohl folgen, da man in der That nicht einsieht, bei welchen andern der damaligen sonst stets zum Schwerte grei-

---

[1]) S. auch Tillemont mém. p. s. à. l'hist. eccl. X. 2. und vrgl. Waitz a. a. O. S. 35 A. 10.
[2]) Kirchengesch. II, 1, p. 180.
[3]) De incarnat. verbi. §. 51 u. 52.

fenden Barbaren jene Veränderung vor sich gegangen sein sollte, als bei den Gothen, aber auch da nur bei denen der Krim, deren friedliche Existenz allein in diesen Zusammenhang paßt.

Procop[1]) sagt uns, daß diese bis auf seine Zeit den Römern tributpflichtig waren, ihnen 3000 Krieger stellten, so oft es der Kaiser verlangte, daß sie geschickte Ackerbauer und die gastfreundlichsten aller Menschen seien, und ihre Besitzungen die besten Früchte hervorbringe. Vor Allen aber paßt dazu der historische Verlauf; denn so lange auch nach ihrer Niederlage unter Claudius die Gothen an der Donau sich als gefährliche Ruhestörer des Reiches zeigten, eine gothische feindliche Flotte erschien in den griechischen Gewässern nicht wieder. Es scheint in der That, als wenn nach der Sprengung des großen Bundes, der dreißig Jahre lang das Reich verwüstete, die abgeschlossenen Gothen der Krim durch das Christenthum gesittet, in friedlichen Verkehr mit den Römern traten, um so mehr, da Constantinopel des Verkehrs mit dem Bosporus nicht wohl entbehren konnte.

Man pflegt auch den Cyrillus anzuführen, als einen der von Bischöfen, Diakonen, Presbyteren, Mönchen und Nonnen unter den Gothen spricht. Indessen sind doch seine Worte zu unbestimmt, um viel daraus schließen zu können. Er sagt in seinen um 347 geschriebenen Katechesen: „Wirf deinen Blick von dieser Provinz auf das ganze römische Reich, und von da auf die ganze Welt, auf die Völker und Nationen der Perser und Inder, die Gothen, Sauromaten, Gallier, Hispanier, Mauren, Libyer, Aethiopier und übrigen, deren Namen uns unbekannt sind — denn vieler Völker Namen kommen nicht einmal zu unserer Kenntniß — betrachte jedes Volkes Bischöfe, Presbyteren, Diaconen, Mönche, Jungfrauen und übrige Laien, und erkenne die Wirkungen des heiligen Geistes in der ganzen Welt".
In solchem Zusammenhange ist es doch zweifelhaft, ob Cyrillus ganz Specielles wußte von dem Christenthum unter

---
[1]) De aedif. III, 7.

den Gothen, er war berechtigt so zu sprechen, wenn er überhaupt von einer gothischen Kirche wußte, wie sie seit Theophilus Zeiten schon länger bekannt war; denn daß Cyrillus in obiger Stelle nur an Katholiken gedacht hat, ist das Wahrscheinlichere [1]), wenn es auch eine Möglichkeit bleibt, daß er die Kirche des Ulfilas, die damals doch schon 6 Jahre lang existirte, vor Augen gehabt hat. Weniger denkbar ist es, daß er unter andern auch an das Mönchsleben der Audianer dachte. Hieronymus sagt in seiner Chronik zum Jahre 340: Audeus Coelesyria clarus habetur. Letzterer ward in seinem Greisenalter [2]) nach Scythien verbannt, allwo er dann in das Innere eindringend seiner Secte Eingang verschaffte, bis sie 370 wieder vertrieben ward.

Somit giebt es durchaus keine Quelle für uns, welche in irgend einer glaubhaften Weise ein unter den Donaugothen vor 341 existirendes Christenthum bezeugte, und wir können um so unbedenklicher annehmen, daß Ulfilas erst in Folge seiner Theilnahme an der Gesandtschaft aus dem Heidenthume bekehrt ward, als er stets Arianer gewesen ist, und selbst das Zeugniß des Philostorgius für die Herkunft des Ulfilas, wenn es auch im Uebrigen gültig wäre, doch im Vergleich zu dem, was Sozomenus über die ältern gothischen Christen sagt, unmöglich in dem Punkte anerkannt werden kann, daß der gothische Arianismus, der in der Lehre des Eusebius seinen Ursprung hat, von den gefangenen Christen des Jahres 267 sich herschriebe. Dazu kommt denn, daß der Theil der sozomenischen Nachrichten, der offenbar auf bester Quelle beruht und oben von uns, um ihn bezeichnen zu können, als gothische Nachrichten über Ulfilas gefaßt ward, in unverfänglichster Weise die erste Thätigkeit des Bischofs in die Zeit ἔτι τῶν εἰρημένων βαρβάρων ἑλληνικῶς θρησκευόντων setzt.

So bleibt uns denn für die Beurtheilung der Herkunft des Ulfilas nur sein gut gothischer Name und der Umstand, daß er

---

1) Tillemont mém. p. serv. X, p. 2.
2) Epiphan. adv. haer. III, 1, 14.

von seinem Fürsten in Folge der Unterwerfung des Volkes mit
Andern zur Gesandtschaft verwandt wurde. Beides führt doch
darauf, daß Ulfilas gut gothischer Herkunft war, und letzteres
speciell noch darauf, daß er aus vornehmer Familie stammte.
Ja ich wage es sogar als eine Vermuthung auszusprechen, daß
Ulfilas bei seiner verhältnißmäßigen Jugend in der That eine
gothische Geisel [1]) war. Dreimal besiegte Constantin die Gothen
im Jahre 322, 328 und 332, als Ulfilas 11, resp. 17 und
21 Jahr alt war, und dürften wir das κατὰ τούτους χρόνους
(vor der Zurückberufung des Eusebius) im Beginn der philostor=
gischen Erzählung bestimmter auf die erste Ankunft des Ulfilas
im Reiche beziehen [2]), so würde dieselbe in das 17. Lebensjahr
des Ulfilas fallen. Jedenfalls ist dabei zu beachten, daß, je
längere Zeit wir den Ulfilas eben im römischen Reiche uns
denken, desto erklärlicher uns seine vollständige Herrschaft über
die beiderlei Sprachen des Reiches wird.

---

1) Der Ausdruck ἀποστολεὶς εἰς πρεσβείαν σὺν ἄλλοις hat jedenfalls
etwas Merkwürdiges. Philostorgius aber hatte wohl Grund nicht zu be=
stimmt von der Geiselschaft zu sprechen, die der behaupteten Herkunft von
Sklaven denn doch zu sehr widersprach. — Daß wenigstens im Jahrh. 332
von den Gothen Geiseln gestellt wurden, worunter sogar der Sohn ihres
Königs, bezeugen die gut unterrichteten Excerpta Anon. Vales. c. 31.

2) S. oben S. 101. A. 1.